Wok

Antje Grüner

Köstlichkeiten aus dem Wok

FALKEN

INHALT

Universalgenie Wok

Zu diesem Buch

Gesundes Genießen auf unkomplizierte Art – das ist heute gefragter denn je. Und es geht einfacher als Sie denken! Vergessen Sie Topf und Pfanne, und schenken Sie der Wunderpfanne aus Fernost, dem Wok, Ihr Vertrauen. Nicht umsonst ist er dort die Nummer eins unter den Küchengeräten. Der Wok gilt mit Recht als eine Art Universalgenie, er vereinigt in sich Kochtopf und Pfanne. In seinem geräumigen Inneren können Sie problemlos braten, fritieren und schmoren, aber auch dünsten und dämpfen. Alles Garmethoden, die Ihnen sicherlich vertraut sind, für die Sie bisher aber die unterschiedlichsten Kochgefäße – von der Friteuse bis zum Schmortopf – benutzt haben.

Wir haben für Sie neue Rezepte speziell für die Zubereitungsarten im Wok kreiert. Und wir verwenden sowohl bekannte europäische als auch fernöstliche Zutaten, die aber alle problemlos bei uns zu bekommen sind.

In den folgenden fünf Kapiteln finden Sie über 50 Gerichte: Aus der schnellen Küche feine Delikatessen, die Sie in weniger als 30 Minuten auftischen können. Leichte Mahlzeiten unter 400 kcal, die besonders der schlanken Linie zugute kommen. Köstliches aus der Gemüseküche, nicht nur für Vegetarier. Eine Reihe von internationalen Spezialitäten, die hauptsächlich aus den Küchen Asiens stammen.

Und für alle, die gerne Gäste bewirten, haben wir im Kapitel „Köstlich fernöstlich" ein Menü zusammengestellt, das Sie mit Hilfe eines Zeitplans spielend leicht nachkochen können. Zusätzlich gibt es Vorschläge für eine Tischdekoration im asiatischen Stil. Haben Sie Appetit bekommen? Dann nichts wie ran an den Wok.

Die richtige Ausstattung

Auf die Qualität kommt es an

Der Originalwok ähnelt einer sehr tiefen Pfanne mit langem Stiel, hat aber einen abgerundeten Boden und schräge Seitenwände. Er wurde für das Kochen auf offener Feuerstelle entwickelt. Mit Hilfe eines speziellen Metallrings, der dem Topf den nötigen Halt gibt, können Sie mit dem Originalwok auch auf einem Gasherd kochen.

Moderne Woks, die heute in den verschiedensten Ausführungen angeboten werden, sind bereits mit einem flachen Außenboden ausgestattet und daher sowohl für unsere Elektro- als auch für unsere Gasherde geeignet. Ihr Innenboden ist abgerundet geblieben. Gutes Material ist die erste Voraussetzung für erfolgreiches Kochen mit dem Wok! Es muß die Hitze gut speichern, gleichzeitig auch gut weiterleiten. Dem Originalwok entsprechen am ehesten Woks aus Edelstahl. Sie sind pflegeleicht und von ausgezeichneter Leitfähigkeit, leider aber nicht ganz billig. Woks aus Gußeisen sind robust und sehr schwer. Das ist günstig, wenn man darin kräftig rühren muß. Ihr Nachteil: Sie speichern die Hitze lange. Die darin gegarten Speisen sollten daher sofort nach der Zubereitung umgefüllt werden, damit z. B. das knackige Gemüse nicht nachgart und zu weich wird. Gußwoks sind etwas pflegebedürftiger als solche aus anderen Materialien. Nach dem Reinigen sollte man sie gut trockenwischen und mit etwas Öl einreiben. Außerdem gibt es Woks mit Teflonbeschichtung, die sehr leicht zu säubern sind. Ideal für das Warmhalten bei Tisch sind Woks mit einem großen oder mehrflammigen Rechaud; in Woks mit Elektrorechaud kann auch am Tisch gegart werden.

Die meisten Woks haben einen Durchmesser von etwa 40 cm und sind für vier Portionen gedacht. Doch auch für Kleinhaushalte sind sie empfehlenswert: in ihnen läßt sich genauso gut nur eine Portion zubereiten wie in kleinen Woks mit einem Durchmesser von etwa 25 cm.

Fast immer gehört zum Wok ein Deckel, den Sie zum Dämpfen, Dünsten und Schmoren benötigen.

Bevor Sie Ihren Gußeisenwok zum ersten Mal verwenden, sollten Sie darin etwas Öl erhitzen, bis es raucht. Das Öl im Wok auskühlen lassen und es dann entfernen. Den Wok anschließend mit heißem Wasser auswaschen, abtrocknen und dann erst darin garen. Bei beschichteten Woks und Edelstahlwoks ist diese Vorbereitung nicht nötig. Auf jeden Fall sollten Sie aber vor der ersten Verwendung Ihres Woks die Herstellerangaben durchlesen.

Die wichtigsten Garmethoden und Küchentechniken

Das Rührbraten oder Pfannenrühren

Das blitzschnelle Braten unter häufigem Umrühren bei großer Hitze ist die beliebteste Garmethode im Wok. Dabei werden die Zutaten, besonders das Gemüse, nicht zerkocht, sondern bleiben schön fest und knackig. Die Vorteile liegen auf der Hand: Nährstoffe, Aroma und Farbe bleiben weitestgehend erhalten.

Man sollte den Wok zunächst auf der Kochstelle erhitzen und erst dann das Öl hineingeben. Je nach Rezept reichen bereits 1 bis 2 Eßlöffel Öl aus.

Unerläßlich bei dieser Garmethode ist eine gute Vorbereitung. Als erstes werden alle Zutaten in möglichst kleine, etwa gleich große Stücke geschnitten. Bereiten Sie alles vor, bevor Sie mit dem Garen beginnen; auch Gewürze, Kräuter, Saucen und die Brühe müssen griffbereit sein. Das Braten dauert dann nur wenige Minuten. Lange Unterbrechungen beim Garen wirken sich negativ aus, weil die Zutaten im warmen Wok weitergaren, auch wenn man ihn von der Kochstelle zieht.

Zuerst werden die Zutaten mit der längsten Garzeit in den Wok gegeben, zarte, empfindliche Zutaten fügt man erst ganz zum Schluß hinzu. Fleisch brät man portionsweise an und schiebt dabei das bereits gegarte Fleisch am Wokrand hoch. Dabei können Sie noch etwas Öl hinzugeben, das Sie aber immer sparsam dosieren sollten. Fleisch wird im Wok besonders zart und saftig, da sich die Poren durch die große Hitze schnell schließen und es außerdem häufig vor dem Braten mariniert wird. Für Gemüse gilt: hartfaseriges Gemüse wie Möhren oder Paprika zuerst braten. Zartes Gemüse wie Spinat, Sprossen oder Pilze erst später hinzugeben. Auch hier: das Gegarte am Wokrand hochschieben und frisches Gemüse in die Mitte nachgeben.

Für das Wenden der Zutaten beim Rührbraten eignet sich am besten ein Pfannenheber aus Holz. Denn mit einem aus Edelstahl könnten Sie Ihren Wok leicht verkratzen. Sie können aber auch große Eßstäbchen zum Rühren nehmen.

Das Dämpfen

Die wohl schonendste Garmethode ist das Dämpfen. Sie eignet sich besonders für empfindliche Zutaten wie zartes Gemüse, Fisch und Krustentiere und wird in der chinesischen Küche auch häufig für das Garen von Teigtaschen aus Wan-Tan-Blättern angewendet. Vor dem Dämpfen läßt man im Wok zunächst etwa ¼ bis ⅜ l Wasser oder Brühe aufkochen. Die Zutaten legt man auf ein Spezialgitter, das bei einigen Woks zur Grundausstattung gehört. Dadurch kommen sie nicht mit der Flüssigkeit in Berührung, sondern werden im geschlossenen Wok im Dampf gegart. In Asienläden gibt es spezielle Dämpfkörbchen aus Bambus, die besonders dekorativ sind und in denen man die kleinen Köstlichkeiten auch servieren kann. Garnelen beispielsweise werden auf Chinakohlblättern in den Dämpfkorb gelegt und nach dem Garen stilecht auch darin serviert.

In Haushaltswarengeschäften finden Sie spezielle Siebeinsätze zum Dämpfen für herkömmliche Töpfe, die Sie auch in den Wok stellen können. Und so geht es auch: eine feuerfeste kleine Schüssel oder Tasse in den Wok setzen und einen Teller mit dem Gargut darauf stellen.

Voraussetzung für das Dämpfen: ein gut schließender Deckel, damit keine Feuchtigkeit entweicht. Lassen Sie während des Garens den Deckel geschlossen.

Das Schmoren

Schmoren ist eine Kombination aus Anbraten bei starker Hitze und Fertiggaren unter Zugabe von Flüssigkeit, dann aber bei schwacher Hitze. Diese Methode wird angewendet, wenn das kurze Rührbraten zum Garen nicht ausreicht, meistens bei Fleischgerichten. Meist schmort man im geschlossenen Wok.

Das Fritieren

Anders als im normalen Topf oder in der Friteuse brauchen Sie beim Fritieren im Wok relativ wenig Öl: nur etwa ½ l. Das liegt an seiner sich nach unten verjüngenden Form. Verwenden Sie zum Fritieren vorzugsweise hocherhitzbares, geschmacksneutrales Öl. Geeignet sind gehärtete Fette und einfache Pflanzenöle. Butter, Margarine und hochwertige kaltgepreßte Öle sollten Sie nicht zum Fritieren nehmen.

Die richtige Temperatur zum Fritieren liegt etwa bei 175 Grad. Geben Sie beim Erhitzen des Fettes ein Stückchen Weißbrot mit ins Fett. Wenn es eine goldbraune Farbe erreicht hat, ist das Fett heiß genug. Entfernen Sie dann das Weißbrot, und beginnen Sie mit dem Fritieren.

Sie sollten immer nur 5 bis 6 Teilchen auf einmal ins heiße Fett geben, also portionsweise fritieren, damit die Temperatur konstant bleibt. Gibt man größere Mengen hinein, sinkt die Temperatur ab, und das Fritiergut saugt sich mit Fett voll.

Fritiert werden hauptsächlich kleine Häppchen wie Teigtaschen und Frühlingsrollen. Die Fritierzeit richtet sich nach der Größe des Gargutes und danach, ob rohe oder bereits gegarte Zutaten für die Füllungen der Teigtaschen verwendet wurden. Ein sicheres Zeichen dafür, daß die Häppchen fertig sind, ist ihre schöne goldbraune Farbe. Das Fritiergut wird dann mit einem Sieb- oder Schaumlöffel aus dem Wok genommen. Anschließend legt man es zum Abtropfen auf Küchenpapier oder auf einen Gitterrost, der zu einigen Woks gehört.

Tips zu den Rezepten

Die Zeitangaben
Die Zubereitungszeit ist in Arbeitszeit und Garzeit untergliedert. Zusätzlich werden Sonderzeiten wie Zeiten zum Marinieren, Quellen etc. ausgewiesen.

Die Portionsangaben
Alle Rezepte – bis auf die des Kapitels „Köstlich fernöstlich", die für 6 bis 8 Personen gedacht sind – sind für 4 Personen berechnet. Alle Gerichte eignen sich als Hauptgericht.

Die Kalorienangaben
Die Kalorien werden immer für eine Portion angegeben. Alle Ausnahmen sind im Rezeptkopf gekennzeichnet.

Die Zutatenmengen
Diese beziehen sich stets auf ungeputzte Rohware. Bei Stückangaben wie „1 Möhre" wird von einer mittleren Größe ausgegangen. Werden Mengen in Eßlöffel (EL) und Teelöffel (TL) angegeben, so sind damit gestrichene Maße gemeint.

Die Beilagentips
Hier finden Sie Vorschläge für passende Beilagen, wo sinnvoll, mit Mengenangaben (jeweils für 1 Portion) versehen. Wenn Beilagen vorgeschlagen werden, für deren Zubereitung ein Rezept benötigt wird, z. B. für ein Kartoffelgratin, finden Sie auch das Rezept dafür.

Die Rezeptvariationen
Hier gibt es Tips, wie Sie durch das Austauschen von Zutaten den Gerichten eine andere Geschmacksnote geben können.

Die praktischen Tips
Unter dieser Rubrik erhalten Sie interessante Informationen zur Küchenpraxis, zu Einkauf und Lagerung sowie Hinweise zur Warenkunde und vieles mehr.

Die Getränketips
Hier werden Hinweise gegeben, welche nichtalkoholischen oder alkoholischen Getränke gut mit dem Gericht harmonieren.

Die Abkürzungen

ca.	= zirka
cm	= Zentimeter
EL	= Eßlöffel
g	= Gramm
kcal	= Kilokalorien
kg	= Kilogramm
l	= Liter
mg	= Milligramm
ml	= Milliliter
P.	= Päckchen
Msp.	= Messerspitze
TK-...	= Tiefkühl...
TL	= Teelöffel
S.	= Seite(n)

RINDERGESCHNETZELTES MIT SPROSSENGEMÜSE

Infoblock

- Arbeitszeit: ca. 12 Minuten
- Garzeit: ca. 8 Minuten
- 4 Portionen
- ca. 290 kcal je Portion

Zutaten

350 g Rinderfilet
1 walnußgroßes Stück Ingwer
2 Zwiebeln
2 rote Paprikaschoten
1 Bund Frühlingszwiebeln
4 EL Sojaöl
etwas Salz
weißer Pfeffer aus der Mühle
250 g Sojasprossen
125 ml klare Brühe (aus Instantpulver oder Fond aus dem Glas)
1 EL rote Chilisauce
3 EL Sojasauce
1 Prise Zucker

1 Das Rinderfilet abspülen, trockentupfen und zuerst in dünne Scheiben, dann in feine Streifen schneiden. Den Ingwer schälen und ebenfalls zuerst in Scheiben, dann in Streifen schneiden.

2 Die Zwiebeln schälen und in Ringe schneiden. Die Paprikaschoten putzen, vierteln, entkernen, waschen und in sehr kleine Würfel schneiden. Die Frühlingszwiebeln putzen, waschen und in Ringe schneiden.

3 Das Sojaöl im Wok erhitzen. Die Fleischstreifen darin portionsweise unter Rühren anbraten. Rohe Filetstreifen dabei in die Mitte des Woks geben, gegartes Fleisch jeweils an den Rand des Woks schieben. Die Ingwerstreifen und die Zwiebelwürfel hinzufügen und mitdünsten. Alles mit wenig Salz und Pfeffer würzen.

4 Die Sojasprossen abspülen und abtropfen lassen. Die Paprikawürfel und die Sprossen zum Fleisch geben. Die Brühe angießen und die Chilisauce unter das Gericht rühren. Das Fleisch und das Gemüse bei offenem Deckel etwa 3 Minuten im Wok garen. Das Ganze ab und zu mit einem Kochlöffel umrühren.

5 Die Frühlingszwiebelringe 2 Minuten vor Ende der Garzeit hinzufügen. Alles mit Sojasauce, Zucker und eventuell noch mit Salz und Pfeffer abschmecken.

BEILAGENTIP

Zu den Ingwersprossen mit Rinderfiletstreifen paßt Langkornreis (etwa 50 g Rohgewicht je Portion). Jeweils 2 Eßlöffel feingeschnittener, eingelegter Kürbis und halbierte Mandarinenspalten aus der Dose, die unter den gegarten Reis gemischt werden, geben der Beilage besonderen Pfiff.

REZEPTVARIATION

Anstelle der Sojasprossen können Sie auch Linsensprossen, Afalfa (Luzernsprossen) oder scharfe Rettichsprossen nehmen. Auch diese Sprossen vor ihrer Verwendung abbrausen und abtropfen lassen. Da sie zarter und feiner als Sojasprossen sind, werden sie erst ganz kurz vor Ende der Garzeit hinzugegeben.

WÜRZIGES FISCHRAGOUT

Infoblock

- Arbeitszeit: ca. 12 Minuten
- Garzeit: ca. 16 Minuten
- 4 Portionen
- ca. 240 kcal je Portion

Zutaten

500 g Seelachsfilet
einige TL Zitronensaft
500 g Möhren
500 ml Hühnerbrühe
(aus Instantpulver oder Fond aus dem Glas)
1 Lorbeerblatt
1 Stange Lauch
2 EL Speisestärke
4 EL trockener Weißwein
etwas Salz
weißer Pfeffer aus der Mühle
3–4 TL geriebener Meerrettich aus dem Glas
1 Gewürzgurke aus dem Glas
1 Bund frischer Dill
1 Prise Zucker

1 Das Seelachsfilet in mundgerechte Würfel schneiden und mit dem Zitronensaft beträufeln. Die Möhren putzen, schälen, waschen und in Scheiben schneiden.

2 Die Hühnerbrühe zusammen mit dem Lorbeerblatt im Wok aufkochen. Die Möhrenscheiben darin etwa 8 Minuten garen.

3 Den Lauch putzen, waschen und in Ringe schneiden. Die Lauchringe nach 5 Minuten Garzeit zu den Möhren geben.

4 Die Speisestärke mit dem Weißwein verquirlen, in die kochende Brühe einrühren und alles einmal aufkochen. Die Gemüsesauce mit Salz, Pfeffer und Meerrettich abschmecken.

5 Das Seelachsfilet unter das Gemüse heben. Alles im geschlossenen Wok bei schwacher Hitze 5 bis 8 Minuten gar ziehen lassen.

6 Inzwischen die Gewürzgurke würfeln, den Dill abbrausen, trockenschütteln und fein hacken. Die Gurkenwürfel kurz vor Ende der Garzeit vorsichtig unter das Fischragout heben. Nochmal alles mit Salz, Pfeffer und Zucker abschmecken. Zum Schluß den gehackten Dill über das Ragout streuen.

BEILAGENTIP

Zum würzigen Fischragout schmecken Salzkartoffeln. Neue Kartoffeln können auch als Pellkartoffeln dazu gereicht werden (jeweils etwa 200 g Rohgewicht pro Portion).

REZEPTVARIATION

Eine fruchtige Note erhält das Fischragout durch 2 in feine Stücke geschnittene Ananasscheiben. Entweder der Ananas aus der Dose nehmen oder – noch besser – frische verwenden. Die Ananasstücke nicht mitgaren, sondern erst ganz zum Schluß zusammen mit den Gurkenwürfeln unter das Fischragout heben.

GETRÄNKETIP

Dazu paßt ein leichter, trockener Weißwein, z. B. ein Chardonnay oder ein Soave.

ZUCCHINI MIT LACHSSTREIFEN

Infoblock

- Arbeitszeit: ca. 15 Minuten
- Garzeit: ca. 10 Minuten
- 4 Portionen
- ca. 300 kcal je Portion

Zutaten

4 kleine Zucchini (ca. 600 g)
4 Schalotten
6 Zweige frischer Estragon, ersatzweise 1 TL getrocknete Estragonblättchen
3–4 TL körniger Senf
200 g süße Sahne
etwas Salz
weißer Pfeffer aus der Mühle
Saft von ½ Zitrone
1 Prise Zucker
1 EL Sojaöl
150 g geräucherter Lachs in Scheiben

1 Die Zucchini waschen, putzen, der Länge nach vierteln und in etwa 5 cm lange Stücke schneiden. Die Schalotten schälen und vierteln. Die Estragonzweige abbrausen, trockenschütteln und die Blätter abzupfen.

2 Den Senf mit der Sahne verrühren und mit Salz, Pfeffer, Zitronensaft und Zucker abschmecken.

3 Das Sojaöl im Wok erhitzen. Die Zucchinistücke und die Schalottenviertel darin anbraten. Den Estragon hinzugeben. Die Senfsahne zum Zucchinigemüse gießen. Alles aufkochen lassen und zugedeckt 4 bis 5 Minuten bei schwacher Hitze garen.

4 In der Zwischenzeit den Lachs in Streifen schneiden. Den Wok von der Herdplatte nehmen und die Lachsstreifen vorsichtig unter das Zucchinigemüse heben.

BEILAGENTIP

Servieren Sie zu den Zucchini mit Lachs grüne oder rote Bandnudeln (etwa 50 g Rohgewicht je Portion).

PRAKTISCHE TIPS

- **Wenn Sie keinen frischen Estragon bekommen, sollten Sie statt auf getrockneten Estragon besser auf frischen Dill zurückgreifen. Den Dill waschen, trockenschütteln, fein hacken und erst zum Schluß zum Gericht geben.**
- **Wenn Sie das Gericht als Vorspeise servieren möchten, genügt jeweils die halbe Menge der Zutaten. Reichen Sie einen Buttertoast oder ein Stück Fladenbrot dazu.**

GETRÄNKETIP

Zum Zucchinigemüse mit Räucherlachs paßt ein Glas spritziger, gut gekühlter Weißherbst.

Schmorgurken mit Hackfleisch

Infoblock

- Arbeitszeit: ca. 10 Minuten
- Garzeit: ca. 12 Minuten
- 4 Portionen
- ca. 230 kcal je Portion

Zutaten

30 g durchwachsener Speck ohne Schwarte
2 Zwiebeln
4 mittelgroße Schmorgurken
1 EL Öl
400 g Rinderhackfleisch
etwas Salz
weißer Pfeffer aus der Mühle
1–2 TL Curry
125 ml klare Brühe (aus Instantpulver oder Fond aus dem Glas)
1 Bund frischer Dill

1 Den Speck würfeln. Die Zwiebeln schälen und ebenfalls würfeln. Die Schmorgurken waschen, schälen, längs halbieren und die Kerne mit einem Löffel entfernen. Die Gurken anschließend in mundgerechte Stücke schneiden.

2 Das Öl im Wok erhitzen und den Speck darin auslassen. Das Hackfleisch dazugeben und scharf anbraten, es dabei mit einem Kochlöffel zerdrücken.

3 Die Zwiebelwürfel und die Schmorgurkenstücke dazugeben und unter Rühren einige Minuten mitbraten.

4 Das Gericht mit Salz, Pfeffer und Curry würzen. Die Brühe angießen und alles zugedeckt 5 bis 7 Minuten garen. Inzwischen den Dill abbrausen, trockenschütteln und fein hacken. Ihn kurz vor Ende der Garzeit unter das Gurken-Hackfleisch-Gericht ziehen.

Beilagentip

Zu den Schmorgurken mit Hackfleisch paßt hervorragend ein Kartoffelsalat. Für 4 Portionen benötigen Sie 800 g geschälte, in dünne Scheiben geschnittene Pellkartoffeln. Für die Marinade kochen Sie 1 feingewürfelte Zwiebel zusammen mit 2 Eßlöffeln Essig und 200 ml Brühe auf. Den Sud sofort über die Kartoffelscheiben gießen, sie mit Salz und Pfeffer würzen und 3 Eßlöffel Sonnenblumenöl dazugeben. Den Salat mindestens einige Minuten durchziehen lassen, ihn dabei öfter durchmischen. Den Kartoffelsalat vor dem Servieren mit feingehackter Petersilie bestreuen.

Rezeptvariation

Außerhalb der Saison für Schmorgurken (Juli bis September) können Sie das Gericht auch mit Salatgurken zubereiten. Ihr Aroma ist jedoch weniger intensiv. Sie benötigen etwa 2 große Salatgurken, die genauso wie die Schmorgurken vorbereitet werden, aber nur 2 bis 3 Minuten in der Brühe garen müssen. 1 bis 2 Eßlöffel Kapern oder einige feingewiegte Sardellenfilets geben dem Gericht eine pikant-aromatische Geschmacksnote.

LAMM-BOHNEN-CURRY

Infoblock

- Arbeitszeit: ca. 10 Minuten
- Garzeit: ca. 20 Minuten
- 4 Portionen
- ca. 450 kcal je Portion

Zutaten

400 g Lammfleisch aus der Keule (ohne Knochen)
2 Zwiebeln
1 grüne Paprikaschote
2 Knoblauchzehen
3 EL Öl
2–3 EL Currypulver
150 ml klare Fleischbrühe (aus Instantpulver oder Fond aus dem Glas)
1 Dose rote Bohnen (240 g Einwaage)
etwas Salz
schwarzer Pfeffer aus der Mühle
150 g Vollmilchjoghurt

GETRÄNKETIP

Zum deftigen Lamm-Bohnen-Curry schmeckt ein kräftiger griechischer Rotwein, z. B. aus Naoussa.

1 Das Lammfleisch von Haut und Sehnen befreien und in sehr feine Streifen schneiden. Die Zwiebeln schälen und in Streifen schneiden. Die Paprikaschote putzen, vierteln, entkernen, waschen und die Viertel quer in 3 bis 4 cm lange Streifen schneiden. Die Knoblauchzehen schälen und halbieren.

2 Das Öl im Wok erhitzen und die Fleischstreifen darin portionsweise anbraten. Bereits angebratenes Fleisch am Wokrand hochschieben und rohe Fleischstreifen zum Braten in die Mitte geben.

3 Die Zwiebel- und die Paprikastreifen hinzugeben und kurz mitdünsten. Die Knoblauchzehen dazupressen. Das Currypulver über das Fleisch streuen und daruntermischen. Dann die Fleischbrühe angießen und alles 18 bis 20 Minuten im geschlossenen Wok schmoren lassen.

4 Die Bohnen in einem Sieb abtropfen lassen und unter die Fleischwürfel rühren. Alles nochmals kurz erhitzen und mit Salz und Pfeffer abschmecken. Vor dem Servieren auf jede Portion heißes Lammcurry einen Klecks kaltes Joghurt geben.

BEILAGENTIP

Zum Lamm-Bohnen-Curry paßt deftiges Landbrot, das mit Knoblauchbutter bestrichen dazu gereicht werden kann.

REZEPTVARIATIONEN

- **Ein Hauch Anis und Zimt unterstreicht die orientalische Geschmacksnote des Lamm-Bohnen-Currys. 1 Messerspitze Anissamen im Mörser zerstoßen und beim Anbraten der Lammfleischstreifen hinzugeben sowie eine kleine Zimtstange mitschmoren. Die Zimtstange vor dem Servieren entfernen.**
- **Frische grüne Bohnen sind eine hervorragende geschmackliche Ergänzung des Lammtopfes. 400 g grüne Bohnen putzen und waschen, eventuell entfädeln. Die Bohnen dann in kochendem Salzwasser in 10 bis 15 Minuten bißfest kochen und kalt abschrecken. Sie zusammen mit den roten Bohnen unter das Gericht mischen.**
- **Wer kein Lammfleisch mag, nimmt statt dessen die gleiche Menge Rindfleisch, z. B. Rinderfilet, das ebenfalls in dünne Streifen geschnitten wird. Die Garzeit verkürzt sich dann um gut 10 Minuten.**

SCHWEINEFILET MIT ÄPFELN

Infoblock

- Arbeitszeit: ca. 10 Minuten
- Garzeit: ca. 10 Minuten
- 4 Portionen
- ca. 320 kcal je Portion

Zutaten

400 g Schweinefilet (vorzugsweise dünne Endstücke)
125 g Zwiebeln
2 säuerliche Äpfel
2 EL Öl
150 ml trockener Apfelwein, ersatzweise klare Brühe (aus Instantpulver oder Fond aus dem Glas)
2 TL rheinisches Apfelkraut
etwas Salz
weißer Pfeffer aus der Mühle
½ Töpfchen frische Zitronenmelisse, ersatzweise 1 Bund frische glatte Petersilie
2 EL Preiselbeerkompott
1 TL Speisestärke

1 Das Schweinefilet waschen, trockentupfen und in Scheiben schneiden. Die Zwiebeln schälen und in Streifen schneiden. Die Äpfel waschen, vierteln, entkernen und quer in Spalten schneiden.

2 Das Öl im Wok erhitzen. Die Filetscheiben darin unter Rühren anbraten, bis sie leicht gebräunt sind. Gegarte Fleischscheiben am Wokrand hochschieben. Die Zwiebelringe und die Apfelspalten hinzufügen und etwa 2 Minuten mitdünsten.

3 Alles mit dem Apfelwein oder der Brühe ablöschen. Dann das Apfelkraut einrühren und alles mit Salz und Pfeffer abschmecken. Das Ganze 3 bis 4 Minuten bei schwacher Hitze garen. Inzwischen die Zitronenmelisse oder die Petersilie abbrausen, trockenschütteln und die Blättchen abzupfen.

4 Das Preiselbeerkompott unter das Gericht rühren. Die Speisestärke mit 2 Eßlöffeln kaltem Wasser verquirlen und in die Sauce einrühren. Alles noch einmal aufkochen lassen. Zum Schluß die Kräuterblättchen unter das Schweinefilet mit Äpfeln ziehen.

BEILAGENTIPS

- **Dazu schmeckt ein Kartoffelgratin (S. 64).**
- **Gut passen auch Kroketten (Fertigprodukt) dazu, die Sie entweder ohne Fett im Backofen zubereiten oder goldbraun fritieren können.**

PRAKTISCHER TIP

Rheinisches Apfelkraut ist ideal zum Abschmecken von fruchtig-pikanten und asiatischen Gerichten. Es ersetzt nicht nur die Prise Zucker, sondern hat auch ein fein-säuerliches Aroma.

LEBERKÄSE MIT RETTICH

Infoblock

- Arbeitszeit: ca. 12 Minuten
- Garzeit: ca. 5 Minuten
- 4 Portionen
- ca. 340 kcal je Portion

Zutaten

400 g Leberkäse, in ca. ½ cm dicke Scheiben geschnitten
300 g weißer Rettich
1 Bund Frühlingszwiebeln
125 g Kirschtomaten
1 Bund frische glatte Petersilie
2 EL Öl
1 TL eingelegte grüne Pfefferkörner
etwas Salz
weißer Pfeffer aus der Mühle

1 Den Leberkäse in Würfel schneiden. Den Rettich schälen, waschen und ihn erst in Scheiben, dann in Stifte schneiden. Die Frühlingszwiebeln putzen, waschen und schräg in Ringe schneiden. Die Tomaten waschen, halbieren und den grünen Stielansatz entfernen. Die Petersilie abbrausen, trockenschütteln und die Blättchen fein hacken.

2 Das Öl im Wok erhitzen und die Leberkäsewürfel darin unter Rühren anbraten, bis sie leicht gebräunt sind. Die Rettichstifte, die Frühlingszwiebelringe und die halbierten Tomaten hinzufügen und unter die Leberkäsewürfel mischen. Alles 2 bis 3 Minuten dünsten.

3 Inzwischen den grünen Pfeffer fein hacken und ihn zusammen mit der gehackten Petersilie unter das Gericht mischen. Alles mit Salz und Pfeffer abschmecken.

BEILAGENTIPS

Am besten schmecken zum Leberkäse Laugenbrötchen oder -brezeln sowie knusprige Bratkartoffeln.

REZEPTVARIATION

Sie können den gebratenen Leberkäse mit Kümmel, frischem geriebenem Meerrettich oder geriebenem Meerrettich aus dem Glas würzig abschmecken.

GETRÄNKETIPS

Zu dem deftigen Leberkäse paßt ein gut gekühltes Weizenbier oder eine Radlerhalbe (Alsterwasser): eine Mischung aus ¼ l Bier und ¼ l Zitronenlimonade.

RINDERGESCHNETZELTES MIT SPARGEL

Infoblock

- Arbeitszeit: ca. 25 Minuten
- Garzeit: ca. 12 Minuten
- Zeit zum Durchziehen: ca. 10 Minuten
- 4 Portionen
- ca. 220 kcal je Portion

Zutaten

400 g Rinderfilet
2 Knoblauchzehen
1 frische rote Chilischote
1 Limette
3 EL Sojasauce
500 g frischer grüner Spargel
etwas Salz
½ Dose (ca. 120 g Einwaage) Bambussprossen
1–2 EL Sojaöl
100 ml klare Fleischbrühe (aus Instantpulver oder Fond aus dem Glas)
1 EL frische Korianderblätter, ersatzweise Kerbelgrün

1 Das Rinderfilet in dünne Scheiben schneiden. Die Knoblauchzehen schälen und fein würfeln. Die Chilischote längs aufschlitzen, entkernen und in feine Streifen schneiden. Die Limette heiß abspülen, trockenreiben und die Schale fein abreiben.

2 Knoblauchwürfel, Chilistreifen und Limettenraspel zusammen mit der Sojasauce verrühren. Alles über das Fleisch geben und das Ganze etwa 10 Minuten durchziehen lassen.

3 Vom Spargel die unteren Enden großzügig abschneiden. Den Spargel waschen, in mundgerechte Stücke schneiden und in reichlich kochendem Salzwasser 3 bis 4 Minuten blanchieren. Inzwischen den Bambus abtropfen lassen und in dünne Streifen schneiden. Den Spargel abgießen und mit kaltem Wasser abschrecken.

4 Das Öl im Wok erhitzen. Das Fleisch darin anbraten, dann mit der Fleischbrühe ablöschen. Spargel und Bambus hinzugeben und alles 3 bis 4 Minuten bei schwacher Hitze ziehen lassen.

5 Eine Limettenhälfte auspressen und die Sauce mit dem Saft abschmecken. Koriander- oder Kerbelgrün abbrausen, trockentupfen und vorsichtig unter das fertige Gericht heben.

BEILAGENTIP

Zum Rindergeschnetzelten können Sie gedämpften Reis (etwa 50 g Rohgewicht je Portion) servieren.

PRAKTISCHE TIPS

- **Das Abschrecken des Spargels ist wichtig, da es den Garprozeß unterbricht. Der Spargel bleibt knackig und schön grün.**
- **Koriandergrün ist ein typisches Würzkraut für viele exotische Gerichte. Sie bekommen es in gut sortierten Gemüseläden oder in Asiengeschäften. Wer möchte, kann es auch im eigenen Garten ziehen. Fragen Sie im Fachgeschäft nach dem Samen. Das typische Aroma ist durch die Verwendung von Korianderkörnern nicht zu ersetzen.**

GETRÄNKETIPS

Zum Rindergeschnetzelten paßt ein kühles Pils, ein Glas Rotwein oder einfach ein Glas Mineralwasser.

HÜHNERLEBER MIT CHAMPIGNONS

Infoblock

- Arbeitszeit: ca. 15 Minuten
- Garzeit: ca. 12 Minuten
- 4 Portionen
- ca. 310 kcal je Portion

Zutaten

50 g magerer durchwachsener Speck ohne Schwarte
400 g Champignons
1 Bund Frühlingszwiebeln
400 g Geflügelleber
2 EL Mehl
etwas Salz
weißer Pfeffer aus der Mühle
2 EL Butter
1 TL frische Thymianblättchen, ersatzweise ½ TL getrockneter Thymian
125 ml trockener Weißwein

1 Den Speck fein würfeln. Die Champignons waschen, abtropfen lassen, putzen und halbieren oder vierteln. Die Frühlingszwiebeln putzen, waschen, abtropfen lassen und in Ringe schneiden.

2 Die Leber von Sehnen und Adern befreien und wenn nötig in mundgerechte Stücke schneiden. Das Mehl mit Salz und Pfeffer mischen, die Leberstückchen darin wenden, überschüssiges Mehl abklopfen.

3 Die Speckwürfel im Wok auslassen. Sie anschließend auf einen Teller geben und beiseite stellen. 1 Eßlöffel Butter in den Wok geben und mäßig erhitzen. Die Leberstückchen darin unter Rühren anbraten und anschließend ebenfalls auf einem Teller beiseite stellen.

4 Die restliche Butter in den Wok geben und erhitzen. Die Champignons darin anbraten. Den Thymian und die Frühlingszwiebeln dazugeben und darunterrühren. Alles mit Salz und Pfeffer würzen. Den Weißwein angießen und die Leberstückchen zurück in den Wok geben. Das Ganze 5 Minuten leise köcheln lassen. Zum Schluß die Speckwürfelchen über das Gericht streuen.

BEILAGENTIP

Dazu schmecken gedünstete Erbsen und Kartoffelpüree (jeweils etwa 200 g pro Portion), das mit in Butter goldbraun gebratenen Zwiebelringen angerichtet wird. Ein Rezept für ein Püree aus frischen Kartoffeln finden Sie beim Beilagentip auf S. 30.

REZEPTVARIATION

Wer keine Innereien mag, nimmt statt der Geflügelleber 400 g Schweinefilet. Das Fleisch in dünne Streifen oder Scheibchen schneiden. Es muß nicht in Mehl gewendet werden. Die Filetstreifen oder -scheibchen mit Salz und Pfeffer würzen und in 1 Eßlöffel Öl anbraten. Um die Sauce zu binden, kann man sie mit 1 Teelöffel Speisestärke, in 2 Eßlöffel kaltem Wasser angerührt, etwas andicken.

GETRÄNKETIPS

Dazu paßt eine Apfelsaftschorle oder ein fruchtiger Weißwein, z. B. ein Gewürztraminer.

Würstchengulasch

Infoblock

- Arbeitszeit: ca. 15 Minuten
- Garzeit: ca. 12 Minuten
- 4 Portionen
- ca. 400 kcal je Portion

Zutaten

2 Paar Wiener Würstchen
1 Gemüsezwiebel
3 rote Paprikaschoten
4 Ananasscheiben aus der Dose
200 g Salatgurke
2 EL Öl
1 TL Paprikapulver edelsüß
125 ml Hühnerbrühe (aus Instantpulver oder Fond aus dem Glas)
etwas Salz
weißer Pfeffer aus der Mühle
2 EL Sojasauce
1 Bund frische Petersilie
2 TL Speisestärke

Getränketips

Zum Würstchengulasch paßt Ananas- oder Maracujasaft, nach Geschmack mit Mineralwasser verdünnt.

1 Die Würstchen in nicht zu schmale Scheiben schneiden. Die Gemüsezwiebel schälen und grob würfeln. Die Paprikaschoten putzen, vierteln, entkernen und waschen. Die Paprikaviertel anschließend in mundgerechte Stücke schneiden.

2 Die Ananasscheiben in einem Sieb abtropfen lassen und dabei den Saft auffangen. Die Ananasscheiben in Stücke schneiden. Die Salatgurke schälen, längs halbieren, mit einem Teelöffel entkernen und in Würfel von etwa 2 x 2 cm Kantenlänge schneiden.

3 Das Öl im Wok erhitzen. Die Würstchen darin anbraten und anschließend herausnehmen. Die Zwiebeln ins Bratfett geben und darin andünsten. Die Paprikastücke hinzufügen und 2 bis 3 Minuten unter Rühren andünsten. Das Paprikapulver über das Gemüse stäuben und gründlich daruntermischen.

4 Die Ananasstücke und die Würstchenscheiben dazugeben. Die Brühe und 100 ml von dem aufgefangenen Ananassaft angießen und alles mit Salz, Pfeffer und Sojasauce würzen. Das Ganze bei geschlossenem Deckel 5 Minuten bei schwacher Hitze garen.

5 Inzwischen die Petersilie abbrausen, trockenschütteln und die Blättchen fein hacken. Die Speisestärke mit 2 Eßlöffeln kaltem Wasser verrühren, in die Sauce einrühren und alles einmal aufkochen lassen.

6 Die Gurkenwürfel unter das Würstchengulasch heben und zum Schluß die gehackte Petersilie über das Gericht streuen.

Beilagentip

Das Würstchengulasch mit Spaghetti, Penne oder Spiralnudeln (etwa 50 g Rohgewicht je Portion) servieren.

Rezeptvariation

Herb-bitterer Chicorée gibt dem Würstchengulasch eine andere Geschmacksnote. 1 Chicoréestaude waschen, halbieren und den Strunk keilförmig herausschneiden. Die Chicoréeblätter in feine Streifen schneiden und während der letzten Minuten mitgaren. Für Kinder vor dem Hinzufügen der Chicoréestreifen eine entsprechende Portion abnehmen, da die meisten den Geschmack des Chicorées nicht mögen.

Mettbällchen in pikanter Sauce

Infoblock

- Arbeitszeit: ca. 15 Minuten
- Garzeit: ca. 10 Minuten
- 4 Portionen
- ca. 420 kcal je Portion

Zutaten

1 Zwiebel
375 g Schweinemett
2 TL Paprikapulver edelsüß
etwas Salz
weißer Pfeffer aus der Mühle
1 kleines Glas Perlzwiebeln
(175 g Einwaage)
1 kleiner Apfel
1 Bund frische Petersilie
1 EL Butterschmalz
2 EL Kapern aus dem Glas
1 Packung Tomatenpüree
(375 ml)
125 ml klare Brühe
(aus Instantpulver oder
Fond aus dem Glas)
1 Prise Zucker
Tabasco

1 Die Zwiebel schälen und fein würfeln. Zwiebelwürfel, Schweinemett, Paprikapulver sowie Salz und Pfeffer miteinander verkneten. Mit angefeuchteten Händen aus der Masse kleine Bällchen von 2 bis 3 cm Durchmesser formen.

2 Die Perlzwiebeln in einem Sieb abtropfen lassen. Den Apfel waschen, vierteln, entkernen und quer in Spalten schneiden. Die Petersilie abbrausen, trockenschütteln und die Blättchen fein hacken.

3 Das Butterschmalz im Wok erhitzen. Die Bällchen portionsweise darin anbraten. Gebratene Bällchen herausnehmen und auf einem Teller beiseite stellen oder auf das Abtropfgitter des Woks legen.

4 Alle Mettbällchen zurück in den Wok geben. Zwiebelwürfel, Apfelspalten, Kapern und Tomatenpüree hinzufügen und die Brühe angießen. Alles zugedeckt 2 bis 3 Minuten lang erhitzen. Die Sauce mit Salz, Pfeffer, Zucker und Tabasco pikant-scharf abschmecken.

5 Zum Schluß noch die gehackte Petersilie über das Gericht streuen.

BEILAGENTIP

Zu den pikanten Mettbällchen paßt ein Kartoffelpüree besonders gut. Wenn Sie Zeit haben, sollten Sie das Püree aus frischen Kartoffeln zubereiten – es schmeckt einfach viel besser als ein Fertigprodukt. Für 4 Portionen 800 g Kartoffeln als Salzkartoffeln kochen und noch heiß durch die Kartoffelpresse drücken. Den Brei zusammen mit 2 Eßlöffeln Butter und 200 ml Milch in einen Topf geben und unter leichter Hitzezufuhr so lange rühren, bis eine lockersahnige Masse entstanden ist. Das Kartoffelpüree mit Salz und geriebener Muskatnuß abschmecken.

REZEPTVARIATION

Wer möchte, gibt den Mettbällchen durch frische Kräuter ein feines Aroma. Feingehackte Petersilie oder Schnittlauchröllchen werden zusammen mit den Gewürzen unter das Mett geknetet. Wer Kräuter aus der Tiefkühltruhe verwendet, knetet diese gefroren unter das Mett.

PRAKTISCHER TIP

Schweinemett ist bereits leicht gewürzt, deshalb beim Würzen mit Salz und Pfeffer sparsam umgehen.

SÜSSE BANDNUDELN MIT TRAUBEN

Infoblock

- Arbeitszeit: ca. 10 Minuten
- Garzeit: ca. 15 Minuten
- 4 Portionen
- ca. 640 kcal je Portion

Zutaten

etwas Salz
4 EL Sojaöl
400 g breite Bandnudeln
40 g Haselnußkerne
400 g kernlose Weintrauben
1 EL Walnußöl, ersatzweise ein neutrales Pflanzenöl
2 P. Vanillezucker
2 EL Semmelbrösel
½–1 TL Zimtpulver

1 Reichlich Wasser zusammen mit etwas Salz und 1 Eßlöffel Sojaöl aufkochen und die Bandnudeln darin nach Packungsanleitung bißfest kochen.

2 In der Zwischenzeit die Haselnußkerne grob hacken und im Wok ohne Zugabe von Fett rösten. Sie anschließend auf einen Teller schütten.

3 Die Nudeln in ein großes Sieb abgießen, mit kaltem Wasser abschrecken und gut abtropfen lassen. Die Weintrauben waschen, von den Stielen zupfen und dann abtropfen lassen.

4 Das restliche Sojaöl und das Walnußöl im Wok erhitzen. Die Nudeln hinzufügen und anbraten. Sie dabei mit dem Vanillezucker und den Semmelbröseln bestreuen.

5 Die Trauben zu den Nudeln geben und 1 bis 2 Minuten mitbraten. Alles mit dem Zimt abschmecken. Zum Schluß die gehackten Haselnüsse daruntermischen.

BEILAGENTIPS

- **Vor dem süßen Hauptgericht schmeckt eine leichte Suppe aus Gemüse der Saison, beispielsweise eine schnell zubereitete Gemüsecremesuppe. Für 4 Portionen 500 g gemischtes Gemüse (z. B. Knollensellerie, Möhren und Lauch) in etwas Butter andünsten und dann in 1 l Gemüsebrühe in etwa 20 Minuten gar kochen. Die Gemüsesuppe dann mit Salz und Pfeffer abschmecken, mit einem Pürierstab pürieren und mit 200 ml Milch oder süßer Sahne verfeinern. Die Suppe vor dem Servieren mit feingehackten Gartenkräutern bestreuen.**
- **Zu den gebratenen Nudeln paßt eine heiße Himbeersauce. Dazu eine Packung tiefgefrorene Himbeeren (250 g) auftauen lassen. Die Beeren durch ein Sieb streichen, erhitzen und mit Puderzucker abschmecken.**

AUSTERNPILZPFANNE

Infoblock

- Arbeitszeit: ca. 20 Minuten
- Garzeit: ca. 10 Minuten
- 4 Portionen
- ca. 140 kcal je Portion

Zutaten

500 g Tomaten
500 g Austernpilze
2 Bund Frühlingszwiebeln
2 Knoblauchzehen
3 EL Sojaöl
etwas Salz
weißer Pfeffer aus der Mühle
6–8 Stiele frisches Basilikum

GETRÄNKETIP

Dazu paßt ein vollmundiger Rotwein, z. B. ein Dôle aus der Schweiz.

1 Die Tomaten kreuzweise einritzen, mit kochendem Wasser überbrühen und mit kaltem Wasser abschrecken. Die Tomaten anschließend erst häuten und dann in Spalten schneiden.

2 Die Austernpilze säubern, große Pilze eventuell halbieren. Die Frühlingszwiebeln putzen, waschen und schräg in 2 bis 3 cm lange Stücke schneiden. Die Knoblauchzehen schälen und durchpressen.

3 Das Sojaöl im Wok erhitzen. Zuerst die Austernpilze kräftig darin anbraten, dann den gepreßten Knoblauch dazugeben.

4 Tomatenspalten und Frühlingszwiebelstücke zu den Austernpilzen geben und daruntermischen. Alles mit Salz und Pfeffer würzen und bei schwacher Hitze etwa 5 Minuten dünsten.

5 Das Basilikum abspülen, trockenschütteln, die Blätter von den Stielen zupfen und kurz vor Ende der Garzeit auf das Gericht streuen.

BEILAGENTIP

Dazu schmecken in Gemüsebrühe gegarte Hirsekörner (etwa 50 g Rohgewicht je Portion). Hirse hat den Vorteil, daß sie nicht über Nacht eingeweicht werden muß und schon nach etwa 20 Minuten Kochzeit gar ist. Die meisten anderen Getreidesorten benötigen mindestens 1 Stunde.

REZEPTVARIATION

Nach diesem Rezept können Sie auch eine köstliche Sauce für Nudeln zubereiten. Sie sollten dafür aber alle Pilze kleinschneiden. Geben Sie kurz vor dem Ende der Garzeit noch 150 g süße Sahne zu der Pilzpfanne hinzu, lassen Sie alles kurz aufkochen, und schmekken Sie die Sauce dann mit 1 bis 2 Eßlöffeln trockenem Weißwein ab. Servieren Sie die Austernpilzsahnesauce zu grünen Bandnudeln (etwa 100 g Rohgewicht je Portion).

PRAKTISCHE TIPS

◆ Kulturpilze wie Austernpilze gibt es das ganze Jahr über. Da sie auf einem Nährsubstrat in Hallen herangezogen werden, muß man sie nicht waschen. Es reicht, sie mit einem weichen Tuch oder mit einer Bürste abzureiben.

◆ Ein besonderer Genuß sind frische Waldpilze wie Pfifferlinge und Maronen, die je nach den Witterungsverhältnissen ab August auf dem Markt sind. Waldpilze sollte man immer erst mit Wasser reinigen und dann putzen, damit sich der Pilz nicht mit Wasser vollsaugt.

GEBRATENE ROTE BETEN

Infoblock

- Arbeitszeit: ca. 20 Minuten
- Garzeit: 25–30 Minuten
- 4 Portionen
- ca. 320 kcal je Portion

Zutaten

750 g rote Beten
4 EL Erdnußöl
150 g Crème fraîche
etwas Salz
weißer Pfeffer aus der Mühle
1 Bund frischer Dill
1 Gemüsezwiebel
2 Stangen Lauch
125 ml klare Brühe
(aus Instantpulver oder
Fond aus dem Glas)
1 TL Kümmel
1 Prise Korianderpulver

1 Die roten Beten schälen und zuerst in etwa ½ cm dicke Scheiben, dann in Stifte schneiden. Das Erdnußöl im Wok erhitzen und die roten Beten darin bei mittlerer Hitze unter gelegentlichem Umrühren 25 bis 30 Minuten braten.

2 Inzwischen die Crème fraîche mit Salz und Pfeffer würzen. Den Dill abbrausen, trockenschütteln, hacken und unter die Crème fraîche rühren.

3 Die Gemüsezwiebel schälen und in halbe Ringe schneiden. Den Lauch putzen, waschen und in Ringe schneiden, gut abtropfen lassen.
5 Minuten vor Ende der Garzeit die Zwiebel- und die Lauchringe zu den roten Beten geben und mitgaren. Die Brühe angießen.

4 Die roten Beten mit Salz, Pfeffer, Kümmel und Koriander abschmecken. Das Rote-Beten-Gemüse mit einem Klecks Dill-Crème-fraîche anrichten.

BEILAGENTIPS

- **Zu den gebratenen roten Beten schmecken Pellkartoffeln oder auch Reibekuchen (etwa 200 g je Portion) sehr gut.**
- **Wer auf Fleisch nicht verzichten möchte, reicht dazu Frikadellen oder Schweinekoteletts.**

REZEPTVARIATION

Die gebratenen roten Beten ergeben zusammen mit geräuchertem Forellenfilet und Eisbergsalat einen delikaten Salat. Dazu das Gemüse wie oben beschrieben garen, anschließend abtropfen lassen, mit Rotwein- oder Balsamessig abschmecken und auf einem Bett von kleingeschnittenem Eisbergsalat anrichten. 1 bis 2 geräucherte Forellenfilets zerpflücken und darauf verteilen. Den Salat mit reichlich frisch gehacktem Dill bestreuen. Die Crème fraîche können Sie nach Belieben zusätzlich dazu reichen.

PRAKTISCHE TIPS

- **Kleinere Knollen der roten Beten sind meist von besserer Qualität als die größeren.**
- **Von Mai bis Juli sind junge rote Beten im Angebot. Sie werden oft mit ihren Blättern angeboten, die man wie Spinat zubereiten kann.**

MÖHRENGEMÜSE MIT ZITRONEN-MINZ-SAUCE

Infoblock

- Arbeitszeit: ca. 10 Minuten
- Garzeit: 10–15 Minuten
- 4 Portionen
- ca. 190 kcal je Portion

Zutaten

2 Bund Möhren
2 EL Olivenöl
2 EL ungeschälte Sesamsamen
125 ml Hühnerbrühe
(aus Instantpulver oder
Fond aus dem Glas)
Saft von 1 Zitrone
etwas Salz
weißer Pfeffer aus der Mühle
1 Prise frisch geriebene
Muskatnuß
150 g tiefgefrorene Erbsen,
aufgetaut
8 Zweige frische Minze,
ersatzweise 1 Bund frische
Petersilie

1 Die Möhren schälen, waschen und je nach Größe eventuell einmal quer durchschneiden. Das Olivenöl im Wok erhitzen und den Sesam darin goldbraun rösten. Die Möhren hinzufügen und bei mittlerer Hitze 8 bis 10 Minuten dünsten.

2 Die Möhren mit der Hühnerbrühe und dem Zitronensaft ablöschen. Das Ganze mit Salz, Pfeffer und Muskat würzen. Die Erbsen zu den Möhren geben und das Gemüse zugedeckt etwa 3 Minuten weiter dünsten.

3 Die Minze oder die Petersilie abbrausen, trockenschütteln und die Blättchen abzupfen. Die Kräuterblättchen in Streifen schneiden und unter das Möhrengemüse mischen.

BEILAGENTIPS

- **Dazu schmecken Pellkartoffeln (etwa 200 g je Portion) oder Reis (etwa 50 g Rohgewicht je Portion) mit 4 Eßlöffeln gerösteten Mandelsplittern. Garen Sie den Reis nach Packungsanleitung. Einige Minuten vor Ende der Garzeit rösten Sie dann die Mandeln in einer Pfanne ohne Fett. Den Reis gut abtropfen lassen, die Mandeln daruntermischen und den Reis mit etwas Kurkumapulver abschmecken.**
- **Gut passen auch 4 wachsweich gekochte Eier zum Möhrengemüse. In kaltem Wasser aufgesetzt, müssen die Eier 4 bis 5 Minuten kochen.**

REZEPTVARIATIONEN

- **Zu den Möhren schmecken auch knusprig braun gebratene Hähnchenbrustfilets. Je Portion benötigen Sie 1 Filet (ca. 150 g). Braten Sie die Filets in heißem Öl von beiden Seiten insgesamt 10 Minuten. Würzen Sie das Fleisch dann mit Salz und Pfeffer.**
- **Das Möhrengemüse eignet sich auch prima als Vorspeise. Bereiten Sie dann nur die halbe Rezeptmenge zu. Servieren Sie die Möhren mit frisch gehobeltem Parmesan und 2 hauchdünnen Scheiben Parmaschinken pro Portion.**

GETRÄNKETIPS

Zum leichten Möhrengemüse paßt ein leichter Weißwein, Kindern schmeckt ein frischgepreßter Orangensaft.

WEISSKOHL MIT PINIENKERNEN

Infoblock

- **Arbeitszeit: ca. 25 Minuten**
- **Garzeit: ca. 15 Minuten**
- **4 Portionen**
- **ca. 280 kcal je Portion**

Zutaten

3 EL Erdnußöl
75 g Pinienkerne
1 kleiner Kopf Weißkohl (ca. 600 g)
1 große Möhre
2 Knoblauchzehen
1 walnußgroßes Stück Ingwer
1 Bund Frühlingszwiebeln
3–4 EL rote Chilisauce (Fertigprodukt)
etwas Salz
weißer Pfeffer aus der Mühle

1 Zunächst 1 Eßlöffel Erdnußöl im Wok erhitzen. Die Pinienkerne darin unter Rühren goldbraun braten. Sie anschließend auf einen Teller geben und beiseite stellen.

2 Den Weißkohl halbieren und den Strunk herausschneiden. Dann die Blätter in Streifen schneiden, waschen und gut abtropfen lassen. Die Möhre schälen, waschen und in Scheiben schneiden. Die Knoblauchzehen schälen und fein würfeln. Den Ingwer schälen und zuerst in dünne Scheiben, dann in Streifen schneiden.

3 Das restliche Öl im Wok erhitzen und die Weißkohlstreifen sowie die Möhrenscheiben darin unter Rühren etwa 10 Minuten braten. Die Knoblauchwürfel und die Ingwerstreifen kurz vor Ende der Garzeit hinzugeben und mitdünsten.

4 Inzwischen die Frühlingszwiebeln putzen, waschen, abtropfen lassen und in Ringe schneiden. Die Zwiebelringe zusammen mit der Chilisauce unter das Weißkohlgemüse rühren. Alles bei schwacher Hitze weitere 3 bis 5 Minuten unter Rühren garen. Das Gericht zum Schluß mit Salz und Pfeffer abschmecken und die Pinienkerne unterheben.

BEILAGENTIP

Den gebratenen Kohl mit Reis servieren (etwa 50 g Rohgewicht je Portion). Wer möchte, kann den Reis mit gehacktem Dill, abgeriebener Zitronenschale oder Sonnenblumenkernen aromatisieren.

REZEPTVARIATIONEN

- **Zu einem edlen Gericht wird das Kohlgemüse, wenn Sie 300 g kleine Garnelen während der letzten Minuten mitgaren.**
- **Gut schmeckt das Weißkohlgemüse auch mit Kabeljau. Dazu 800 g Kabeljaufilet waschen, trockentupfen, in etwa 5 cm große Stücke schneiden und mit Zitronensaft beträufeln. Die Kabeljaustücke etwa 3 Minuten mitgaren.**

GETRÄNKETIP

Zum Weißkohlgemüse paßt ein fruchtiger, trockener Weißwein, z. B. ein Pinot Gris oder Gewürztraminer aus dem Elsaß.

PENNE MIT CHAMPIGNONS

Infoblock

- Arbeitszeit: ca. 20 Minuten
- Garzeit: ca. 25 Minuten
- 4 Portionen
- ca. 580 kcal je Portion

Zutaten

400 g Penne (kurze Makkaroni)
3 EL Öl
etwas Salz
400 g rosa Champignons
2 Stangen Lauch
½ Bund frischer Thymian, ersatzweise 2 TL getrockneter
100 g Edelpilzkäse
250 ml Hühnerbrühe (aus Instantpulver oder Fond aus dem Glas)
weißer Pfeffer aus der Mühle

1 Die Penne zusammen mit 1 Eßlöffel Öl nach Packungsanleitung in reichlich Salzwasser bißfest kochen. Anschießend die Nudeln in einem großen Sieb gut abtropfen lassen.

2 Während die Nudeln garen, die Champignons eventuell waschen, sie putzen und je nach Größe halbieren oder vierteln. Den Lauch putzen, gründlich waschen und in Ringe schneiden. Den Thymian abbrausen, trockenschütteln und die Blättchen von den Stielen zupfen. Den Edelpilzkäse in kleine Stücke teilen.

3 Das restliche Öl im Wok erhitzen und die Champignons darin unter Rühren anbraten, bis fast die gesamte Flüssigkeit verdampft ist. Lauch und Thymian hinzugeben und 2 bis 3 Minuten andünsten.

4 Die Brühe zu dem Pilz-Lauch-Gemüse in den Wok gießen und aufkochen lassen. Die Käsestückchen hinzufügen und unter Rühren schmelzen lassen.

5 Alles mit reichlich Pfeffer, aber sparsam mit Salz abschmecken. Die Penne hinzugeben und daruntermischen, dabei die Nudeln nochmals kurz erhitzen. Das Gericht sofort servieren.

BEILAGENTIP

Die Penne mit Champignons sind eine komplette Mahlzeit und können ohne Beilage serviert werden. Als Vorspeise eignet sich hervorragend ein bunter Salat, z. B. aus 1 Kopf Lollo rosso, 4 Tomaten, ½ Gurke und 1 gelben Paprikaschote mit einer würzigen Kräutervinaigrette.

REZEPTVARIATION

Einen intensiven Pilzgeschmack bekommt die Sauce durch eine Steinpilzbrühe. Dafür 5 g getrocknete Steinpilze in einem Sieb mit kaltem Wasser gründlich abbrausen und in 250 ml lauwarmem Wasser etwa 15 Minuten einweichen. Die Steinpilze anschließend fein schneiden und das Einweichwasser zusammen mit den Steinpilzen anstelle der Hühnerbrühe zu dem Gericht hinzufügen. Wenn's schnell gehen soll, nehmen Sie Steinpilzbrühe aus Instantpulver, die es in Reformhäusern gibt.

GETRÄNKETIP

Dazu schmeckt ein gut gekühlter, trockener italienischer Weißwein, zum Beispiel ein Soave oder ein Pinot Grigio.

ZUCCHINI-AUBERGINEN-RÖLLCHEN

Infoblock

- **Arbeitszeit: ca. 45 Minuten**
- **Garzeit: 8–10 Minuten**
- **4 Portionen**
- **ca. 230 kcal je Portion**

Zutaten

500 g Tomaten
1 Zwiebel
2 große Zucchini
2 große Auberginen
4 Knoblauchzehen
1 Bund frisches Basilikum, ersatzweise 1 Bund frische glatte Petersilie
200 g geräucherter Tofu
1 Zitrone
Salz
weißer Pfeffer aus der Mühle
3 EL Olivenöl
100 ml klare Brühe (aus Instantpulver oder Fond aus dem Glas)
10 entsteinte schwarze Oliven

1 Die Tomaten kreuzweise einritzen und mit kochendem Wasser überbrühen. Sie anschließend häuten, vierteln, von den grünen Stielansätzen befreien, entkernen und würfeln.

2 Die Zwiebel schälen und würfeln. Die Zucchini und die Auberginen waschen und putzen. Beide Gemüsesorten der Länge nach mit einem großen, scharfen Küchenmesser in dünne Scheiben schneiden. Die Knoblauchzehen schälen und fein würfeln. Das Basilikum abbrausen, trockenschütteln und die Blätter in feine Streifen schneiden. Den Tofu erst in Streifen, dann in fingerdicke Stifte schneiden.

3 Die Zitrone auspressen. Den Saft mit reichlich kochendem Salzwasser aufkochen. Die Zucchini- und Auberginenscheiben darin portionsweise jeweils etwa 1 Minute blanchieren. Die Scheiben in ein Sieb geben und mit kaltem Wasser abschrekken, mit Küchenpapier trockentupfen.

4 Je 1 Zucchini- und 1 Auberginenscheibe aufeinanderlegen und die Scheiben mit Pfeffer würzen. Die Knoblauchwürfel und die Basilikumstreifen darauf verteilen und die Tofustifte quer darauf legen. Die Gemüsescheiben zusammenrollen und mit Holzstäbchen feststecken.

5 Das Öl im Wok erhitzen und die Gemüserollen darin portionsweise bei mittlerer Hitze ringsum leicht anbraten. Die Tomaten- und die Zwiebelwürfel hinzugeben und kurz andünsten. Die Brühe angießen und die Oliven hinzugeben. Alles 4 bis 5 Minuten bei schwacher Hitze garen. Die Tomatensauce mit Salz und Pfeffer abschmecken.

BEILAGENTIPS

Zu den würzigen Gemüserollen schmecken Vollkornreis (etwa 50 g Rohgewicht je Portion), Fladenbrot oder Sesamringe.

PRAKTISCHER TIP

Die Zucchini- und Auberginenscheiben möglichst gleichmäßig der Länge nach in dünne Scheiben zu schneiden, erfordert etwas Geschick. Noch besser als mit einem großen, scharfen Messer läßt sich das Gemüse mit einer Aufschnittmaschine schneiden.

GETRÄNKETIP

Zu dem mediterranen Gemüse paßt ein gut gekühlter griechischer oder italienischer Roséwein.

BRATREIS MIT ERBSEN UND MÖHREN

Infoblock

- Arbeitszeit: ca. 15 Minuten
- Garzeit: ca. 35 Minuten
- 4 Portionen
- ca. 390 kcal je Portion

Zutaten

etwas Salz
150 g Langkornreis
1 unbehandelte Zitrone
2 Möhren
1 Zwiebel
1 Knoblauchzehe
1 Töpfchen frisches Basilikum, ersatzweise 1 TL getrocknetes Basilikum
4 EL Öl
300 g tiefgefrorene Erbsen, aufgetaut
2 EL gehackte Mandeln
40 g geriebener Käse (z. B. Parmesan oder alter Gouda)
weißer Pfeffer aus der Mühle

1 Zunächst 300 ml leicht gesalzenes Wasser aufkochen und den Reis dazugeben. Die Zitrone heiß abwaschen, abtrocknen und die Schale abreiben, den Zitronensaft auspressen. Die Zitronenschale unter den Reis rühren und ihn in 20 bis 25 Minuten ausquellen lassen.

2 Die Möhren schälen, waschen und in kleine Würfel schneiden. Die Zwiebel schälen und ebenfalls würfeln. Die Knoblauchzehe schälen und halbieren. Das Basilikum abbrausen, trockenschütteln und die Blättchen abzupfen.

3 Das Öl im Wok erhitzen. Möhren, Zwiebelwürfel und den Reis darin unter Rühren anbraten. Den Knoblauch dazupressen. Die Erbsen hinzugeben und unter Rühren erhitzen.

4 Die Mandeln und den Käse unter das Reisgericht mischen. Alles mit Salz, Pfeffer und wenig Zitronensaft abschmecken. Den Bratreis mit den Basilikumblättchen bestreuen.

BEILAGENTIPS

Dazu schmecken kleine gebratene Kalbsschnitzel oder gedünsteter Fisch, wie zum Beispiel Kabeljaukotelett oder Schollenfilet (jeweils etwa 200 g pro Portion).

REZEPTVARIATION

Bratreis ist eine gute Verwertungsmöglichkeit für übriggebliebenen Reis und unendlich variierbar. Hier ein Vorschlag mit pikant-fruchtiger Note. 1 bis 2 Chicoréestauden putzen, vom harten Strunk befreien, waschen und fein schneiden. Den Reis wie beschrieben im heißen Öl anbraten. Die Chicoréestreifen zum Reis geben und kurz mit andünsten. 3 bis 4 Eßlöffel Mandarinenspalten aus der Dose hinzufügen und alles mit Sojasauce, frisch gemahlenem Pfeffer und einer Prise geriebener Muskatnuß würzen. Den Bratreis mit frischen Kerbelblättchen bestreuen.

GETRÄNKETIP

Zum Bratreis mit Gemüse schmeckt ein spritziger italienischer Prosecco.

KARTOFFELPFANNE MIT BRECHBOHNEN

Infoblock

- Arbeitszeit: ca. 15 Minuten
- Garzeit: ca. 25 Minuten
- 4 Portionen
- ca. 380 kcal je Portion

Zutaten

750 g Pellkartoffeln vom Vortag
2 Zwiebeln
250 g Brechbohnen
etwas Salz
3 Birnen (vorzugsweise Kochbirnen, ersatzweise Bürgermeister oder Abate Fetel)
6 EL Öl
weißer Pfeffer aus der Mühle
1 Prise gemahlenes Piment
1 kleines Bund frischer Liebstöckel, ersatzweise frische Petersilie

1 Die Pellkartoffeln schälen und in gleichmäßige Scheiben schneiden. Die Zwiebeln schälen, vierteln und in einzelne Lagen zerteilen. Die Brechbohnen waschen, putzen und in Stücke brechen. Sie in Salzwasser 10 bis 12 Minuten kochen. Während die Bohnen kochen, die Birnen waschen, vierteln, entkernen und quer in etwa gleich dicke Spalten schneiden.

2 Das Öl im Wok erhitzen und die Kartoffeln portionsweise darin goldbraun braten. Gebratene Kartoffeln jeweils am Rand hochschieben und rohe Scheiben in die Mitte geben. Zuletzt die Zwiebelspalten hinzugeben und glasig braten. Anschließend das Ganze mit Salz, Pfeffer und Piment kräftig abschmecken.

3 Die Bohnen abgießen und abtropfen lassen. Sie zusammen mit den Birnenspalten zu den Kartoffeln geben und unter Rühren 2 bis 3 Minuten braten. Eventuell die Kartoffelpfanne noch einmal pikant abschmecken.

4 Den Liebstöckel oder die Petersilie abbrausen, trockenschütteln, die Blätter abzupfen und unter die Kartoffelpfanne heben.

REZEPTVARIATION

Mit Eiern wird aus der Kartoffel-Bohnen-Pfanne eine interessante Variante des Bauernfrühstücks. Dazu 4 Eier mit etwas Salz und Pfeffer verquirlen. Die Eiermilch gleichmäßig über die gebratenen Kartoffeln, die Bohnen und die Birnen gießen und unter Rühren stocken lassen.

PRAKTISCHE TIPS

- **Am besten gelingen Bratkartoffeln aus Kartoffeln, die bereits am Vortag gekocht und über Nacht kalt gestellt wurden.**
- **Falls Sie die kleinen, festen Kochbirnen nicht bekommen: Zum Kochen und Backen eignen sich alle festfleischigen Birnensorten, die nicht so leicht zerfallen. Die bekanntesten Sorten sind Bürgermeister, Abate Fetel, Williams Christ und Kaiserkrone. Achten Sie beim Kaufen darauf, daß die Birnen schön knackig sind und ihr Fruchtfleisch bei Druck nicht nachgibt.**

GETRÄNKETIPS

Zu der deftigen Kartoffelpfanne mit Brechbohnen paßt ein kühles Pils oder ein Altbier. Sie können auch eine spritzige Apfelschorle dazu anbieten.

TOPINAMBUR-WIRSING-GEMÜSE

Infoblock

- **Arbeitszeit: ca. 20 Minuten**
- **Garzeit: ca. 20 Minuten**
- **4 Portionen**
- **ca. 390 kcal je Portion**

Zutaten

1 Gemüsezwiebel
2 Knoblauchzehen
1 rote Paprikaschote
2 EL ungeschälte Sesamsamen
500 g Topinamburknollen
4 EL Sojaöl
½ Wirsingkohl
125 ml klare Brühe (aus Instantpulver oder Fond aus dem Glas)
weißer Pfeffer aus der Mühle
5 EL Sojasauce
4 Eier
Salz
1 EL Sesamöl

1 Die Gemüsezwiebel schälen und grob hacken. Den Knoblauch schälen und in Scheiben schneiden. Die Paprikaschote putzen, vierteln, entkernen und waschen. Die Paprikaviertel anschließend quer in Streifen schneiden.

2 Die Sesamsamen ohne Fett im Wok unter Rühren rösten. Den Sesam auf einen Teller schütten und beiseite stellen.

3 Die Topinamburknollen schälen und in Scheiben schneiden. Das Sojaöl im Wok erhitzen und die Topinamburscheiben darin unter gelegentlichem Umrühren etwa 5 Minuten braten.

4 Die Zwiebelwürfel und die Knoblauchscheiben sowie die Paprikastreifen dazugeben und alles unter Rühren weitere 5 Minuten braten.

5 Inzwischen den Wirsing putzen und den Strunk herausschneiden. Den Wirsing waschen, abtropfen lassen, in Streifen schneiden und diese in den Wok geben. Die Brühe angießen. Alles miteinander mischen und mit Pfeffer und Sojasauce würzen. Das Gemüse zugedeckt noch etwa 10 Minuten bei mittlerer Hitze dünsten.

6 Inzwischen die Eier mit wenig Salz und Pfeffer verquirlen. Das Sesamöl zum Aromatisieren unter das Gemüse rühren. Zum Schluß die Eier über das Gemüse gießen und sie unter Rühren stocken lassen. Das Topinambur-Wirsing-Gemüse mit Sesam bestreut anrichten.

REZEPTVARIATIONEN

- **Topinambur schmeckt süßlich-nussig und ist eine gesunde Alternative zu Kartoffeln. Wer keinen Topinambur bekommt, kann für dieses Gericht die gleiche Menge Kartoffeln verwenden. Rohe Kartoffeln schälen, in feine Stifte schneiden und unter gelegentlichem Umrühren im Öl etwa 10 Minuten anbraten.**
- **Statt Wirsing können Sie auch die gleiche Menge Weißkohl oder Chinakohl nehmen. Weißkohl ebenso lange wie Wirsing dünsten, Chinakohl ist bereits in 4 bis 5 Minuten gar.**

GETRÄNKETIPS

Dazu schmeckt ein kühles Weißbier oder ein leichter, gekühlter Rotwein, z. B. ein Beaujolais.

MARINIERTER TOFU MIT PAPRIKA

Infoblock

- Arbeitszeit: ca. 15 Minuten
- Garzeit: ca. 15 Minuten
- Marinierzeit: ca. 1 Stunde
- 4 Portionen
- ca. 270 kcal je Portion

Zutaten

Für die Marinade

1 unbehandelte Limette
1 kleine rote Chilischote
½ TL grob geschroteter Pfeffer
3 EL Sojasauce

Für das Tofugemüse

400 g Tofu (Sojabohnenquark)
je 1 kleine gelbe und grüne Paprikaschote
2 kleine rote Paprikaschoten
1 Zwiebel
6 EL Sojaöl
ca. 2 EL Mehl
etwas Salz

1 Die Limette mit heißem Wasser abspülen und trockenreiben. Die Schale dünn abreiben und die Limette auspressen. Die Chilischote längs aufschlitzen, entkernen, unter fließend kaltem Wasser abspülen und fein würfeln.

2 Limettensaft und -schale, sowie Chili, Pfeffer und Sojasauce verrühren. Den Tofu abtropfen lassen und zunächst in etwa ½ cm dicke Scheiben, dann in etwa 2 cm breite Streifen schneiden. Die Tofustreifen mit der Marinade übergießen, abdecken und etwa 60 Minuten marinieren.

3 Gegen Ende der Marinierzeit die Paprikaschoten putzen, entkernen, waschen, vierteln und in kurze Streifen schneiden. Die Zwiebel schälen und würfeln. Etwa 1 Eßlöffel Öl im Wok erhitzen, das Gemüse darin scharf anbraten, anschließend aus dem Topf nehmen und beiseite stellen.

4 Die Tofustreifen aus der Marinade nehmen und mit Küchenpapier trockentupfen. Die Marinade aufheben. Das Mehl auf einen Teller sieben und die Tofustreifen darin wenden.

5 Jeweils 1 bis 2 Eßlöffel Öl in einem Wok erhitzen. Die Tofustreifen portionsweise hineingeben und gelbbraun braten. Den ganzen Tofu in den Wok geben, die Marinade angießen und das Ganze erhitzen.

6 Die Paprika-Zwiebel-Mischung zum Tofu geben. Das Ganze mischen und eine Weile köcheln lassen. Das fertige Gericht eventuell mit etwas Salz abschmecken.

BEILAGENTIP

Reichen Sie zum bunten Tofutopf Fladenbrote mit Sesam.

REZEPTVARIATION

Statt der Paprikaschoten können Sie frische Champignons (etwa 750 g), 4 kleine Zucchini oder 1 Staude Stangensellerie nehmen, die ebenfalls in Minutenschnelle angebraten werden. Und so bereiten Sie das Gemüse vor: Champignons waschen, putzen und halbieren oder vierteln. Staudensellerie putzen, waschen, eventuell von den Fäden befreien und in etwa 2 cm lange Stücke schneiden. Das Gemüse wie im Rezept beschrieben zubereiten und später zum Tofu geben.

GETRÄNKETIPS

- Zum Tofu-Paprika-Topf paßt ein Glas Ayran. Dieses typisch türkische Joghurtgetränk wird wie folgt zubereitet:
Etwa 260 g stichfesten Joghurt mit etwa 250 ml Wasser mischen und mit einem Schneebesen kräftig aufschlagen. Das Getränk mit etwas Salz abschmecken. Eine besondere Geschmacksnote bekommt das Ayrangetränk, wenn Sie etwas frisch gehackte Pfefferminze darunterrühren.
- Sie können auch einen kräftigen Rotwein dazu reichen.

LAUCH MIT ROTEN LINSEN

Infoblock

- **Zeit zum Einweichen: ca. 30 Minuten**
- **Arbeitszeit: ca. 25 Minuten**
- **Garzeit: ca. 15 Minuten**
- **4 Portionen**
- **ca. 300 kcal je Portion**

Zutaten

6 entsteinte Backpflaumen
400 ml Gemüsebrühe (aus Instantpulver oder Fond aus dem Glas)
200 g rote Linsen
2 Möhren
1 Stück Knollensellerie (ca. 125 g)
4 Stangen Lauch (ca. 500 g)
1 EL Öl
1 EL Butter
1 walnußgroßes Stück eingelegter Ingwer
etwas Salz
weißer Pfeffer aus der Mühle
2–3 TL Ingwersirup
1 Bund frischer Dill

1 Die Backpflaumen etwa 30 Minuten in ¼ l lauwarmem Wasser einweichen. Die Gemüsebrühe aufkochen und die Linsen hineinschütten. Alles einmal umrühren und die Linsen 4 bis 5 Minuten kochen.

2 Die Möhren und den Knollensellerie schälen, waschen und beides in sehr feine Würfel schneiden. Den Lauch putzen, gründlich waschen und in schmale Ringe schneiden.

3 Das Öl zusammen mit der Butter in einem Wok erhitzen, die Möhren- und die Selleriewürfel darin unter Rühren etwa 5 Minuten anbraten. Den Lauch hinzufügen und alles 5 Minuten dünsten.

4 Den Ingwer fein würfeln. Die Backpflaumen aus dem Einweichwasser nehmen und längs in Streifen schneiden. Beides zusammen mit dem Einweichwasser und den Linsen unter das Lauchgemüse rühren.

5 Alles mit Salz, Pfeffer und dem Ingwersirup abschmecken und kurz erwärmen. Den Dill abbrausen, trockenschütteln, fein hacken und über das fertige Gericht streuen.

BEILAGENTIP

Reichen Sie zum Lauch-Linsen-Gemüse Salz- oder Pellkartoffeln (etwa 200 g je Portion).

PRAKTISCHER TIP

- **In Zuckersirup eingelegter Ingwer ist nicht ganz so feurig-scharf wie frischer. Den Sirup können Sie hervorragend zum Abschmecken von exotischen Wokgerichten verwenden. Wer mit frischem Ingwer würzt, nimmt flüssigen Honig oder Ahornsirup zum Abrunden.**
- **Ingwerpulver ist eher eine milde Würzzutat und ist weniger aromatisch.**

GETRÄNKETIPS

Zum lieblichen Lauch-Linsen-Gericht paßt ein alkoholfreies Pils oder einfach ein Glas Mineralwasser.

BLUMENKOHL UND BROKKOLI IN WÜRZSAUCE

Infoblock

- Arbeitszeit: ca. 20 Minuten
- Garzeit: ca. 25 Minuten
- 4 Portionen
- ca. 170 kcal je Portion

Zutaten

1 mittelgroßer Blumenkohl
500 g Brokkoli
ca. 1 TL Salz
1 EL Senfkörner
1 Zwiebel
1 Knoblauchzehe
2 EL Sojaöl
1 unbehandelte Limette
1 Msp. geschrotete, getrocknete Chilischoten
8 EL Tomatenketchup
1 Prise Zucker
1 Handvoll frischer Kerbel

1 Den Blumenkohl und die Brokkoli putzen, in kleine Röschen teilen und waschen. Die Stiele schälen und kleinwürfeln. Reichlich Salzwasser zum Kochen bringen. Blumenkohl- und Brokkoliröschen darin je 3 bis 4 Minuten blanchieren und dann mit kaltem Wasser abschrecken.

2 Die Senfkörner im geschlossenen Wok bei mittlerer Hitze etwa 2 Minuten anrösten. Den Wok vom Herd nehmen und abkühlen lassen.

3 Inzwischen Zwiebel und Knoblauchzehe schälen und fein würfeln. Das Sojaöl im Wok erhitzen. Zwiebel- und Knoblauchwürfel darin anbraten und beiseite stellen.

4 Die Limette heiß abwaschen, trockenreiben und die Schale abreiben. Den Saft auspressen. Limettenschale und -saft, Chili und Tomatenketchup in den Wok geben und das Ganze erhitzen. Die Sauce mit Salz und Zucker abschmecken.

5 Blumenkohl- und Brokkoliröschen hineingeben und alles etwa 10 Minuten darin köcheln lassen. Den Kerbel abbrausen, trockenschütteln, die Blättchen abzupfen und über das Gericht geben.

BEILAGENTIPS

Servieren Sie zum würzigen Kohlgemüse Salzkartoffeln oder Kartoffelrösti (jeweils etwa 200 g Kartoffeln je Portion).

REZEPTVARIATION

Statt Blumenkohl und Brokkoli können Sie jeweils etwa 500 g Rosenkohl und Möhren verwenden. Beide Gemüsesorten putzen und waschen. Den Rosenkohl halbieren oder vierteln und etwa 4 Minuten blanchieren. Die Möhren in Scheiben schneiden und ebenfalls kurz blanchieren.

PRAKTISCHE TIPS

- **Man unterscheidet schwarze und gelbe bzw. weiße Senfkörner, wobei die schwarzen Sorten schärfer sind. Entscheiden Sie nach Ihrer eigenen Geschmacksvorliebe.**
- **Statt der Senfkörner ist Kümmel ein ideales Gewürz für Blumenkohl und Brokkoli. Sein Aroma wird durch das Anrösten noch intensiver.**

GETRÄNKETIPS

Zu dem Gemüse mit Würzsauce paßt ein kühles Pils oder ein Glas Mineralwasser mit etwas Limettensaft.

GEMÜSE-GRÜNKERN-TOPF

Infoblock

- **Arbeitszeit: ca. 25 Minuten**
- **Garzeit: ca. 50 Minuten**
- **4 Portionen**
- **ca. 260 kcal je Portion**

Zutaten

200 ml Gemüsebrühe (aus Instantpulver oder Fond aus dem Glas)
125 Grünkernkörner
4 mittelgroße Fenchelknollen
2 EL Zitronensaft
2 Zwiebeln
2 Knoblauchzehen
500 g reife Tomaten
3 EL Olivenöl
100 g entsteinte, schwarze Oliven
etwas Salz
weißer Pfeffer aus der Mühle
1 Bund Petersilie
50 g mittelalter Gouda ohne Rinde

1 Die Gemüsebrühe in einem Topf aufkochen, die Grünkernkörner hineinschütten, einmal umrühren und das Ganze im geschlossenen Topf bei ganz milder Hitze 30 bis 40 Minuten garen.

2 Die Fenchelknollen putzen, das Grün abschneiden und beiseite legen. Den Fenchel waschen, halbieren, in feine Streifen schneiden und mit dem Zitronensaft mischen. Die Zwiebeln schälen und grob würfeln. Die Knoblauchzehen schälen und fein hacken oder durch eine Presse drücken.

3 Die Tomaten kreuzweise einritzen und den Stielansatz keilförmig herausschneiden. Die Tomaten mit kochendem Wasser überbrühen und anschließend mit kaltem Wasser abschrecken, enthäuten, entkernen und würfeln.

4 Das Olivenöl in einem Wok erhitzen. Die Zwiebel- und Knoblauchwürfel darin anbraten. Die Fenchelstreifen und den Grünkern hinzugeben und das Ganze kurz schmoren lassen.

5 Die Tomatenwürfel ebenfalls zum Fenchelgemüse geben. Den Wok schließen und alles bei schwacher Hitze 2 bis 3 Minuten garen.

6 Die Oliven hinzufügen und unter die Grünkern-Gemüse-Mischung heben. Alles mit Salz und Pfeffer abschmecken. Petersilie und Fenchelgrün abbrausen, trockenschütteln und beides fein hacken.

7 Den Käse fein reiben und zusammen mit der Petersilie und dem Fenchelgrün über das Gemüse-Grünkern-Gericht streuen.

PRAKTISCHE TIPS

- **Grünkern ist das gedörrte und geschälte Dinkelkorn und damit eine mit dem Weizen verwandte Getreidesorte. Grünkern ist reich an B-Vitaminen und enthält unter anderem die Mineralstoffe Eisen, Phosphor und Magnesium.**
- **Geben Sie stets etwas Zitronensaft über kleingeschnittenen Fenchel, dann verfärbt er sich nicht.**
- **Das Gemüse mit Grünkern ist auch eine prima Beilage zu gegrillten Lammkoteletts oder zu gebratenem Rotbarschfilets. Dann sollten Sie die angegebenen Zutatenmengen einfach halbieren.**

GETRÄNKETIPS

Zum Gemüse-Grünkern-Topf paßt ein Glas lieblicher Roséwein oder ein Glas Tomaten- bzw. Gemüsesaft.

FRÜHLINGSGEMÜSE MIT HÄHNCHENBRUST

Infoblock

- **Arbeitszeit: ca. 30 Minuten**
- **Garzeit: ca. 35 Minuten**
- **4 Portionen**
- **ca. 350 kcal je Portion**

Zutaten

Salz
½ TL Kurkuma (Gelbwurz), ersatzweise Curry
125 g Reis (vorzugsweise Basmatireis)
1 Bund Möhren
1 Kohlrabi
1 kleiner Blumenkohl
200 g Zuckerschoten
4 Hähnchenbrustfilets (à ca. 100 g)
2 TL ungeschälte Sesamsamen
2 EL Sojaöl
weißer Pfeffer aus der Mühle
200 ml Hühnerbrühe (aus Instantpulver oder Fond aus dem Glas)
1 Bund frische glatte Petersilie

1 Zunächst ¼ l Wasser mit je ½ TL Salz und Kurkuma zum Kochen bringen. Den Reis hineinstreuen, ihn umrühren und einmal aufkochen lassen. Den Reis dann etwa 20 Minuten ausquellen und danach gut abtropfen lassen.

2 Während der Reis gart, das Gemüse vorbereiten: Die Möhren und den Kohlrabi putzen, schälen, waschen und in dünne Stifte schneiden. Den Blumenkohl putzen, in Röschen teilen und waschen. Die Zuckerschoten putzen, waschen und in Salzwasser 2 Minuten blanchieren. Sie anschließend in ein Sieb geben, mit kaltem Wasser abschrecken und abtropfen lassen.

3 Die Hähnchenbrustfilets eventuell von Haut und Fett befreien, waschen, trockentupfen und in Streifen schneiden. Den Sesam im Wok ohne Fett goldbraun rösten, dann auf einen Teller schütten und beiseite stellen.

4 Das Sojaöl im Wok erhitzen und die Fleischstreifen darin anbraten. Sie mit Salz und Pfeffer würzen. Die Hühnerbrühe angießen. Die Möhren- und Kohlrabistifte sowie die Blumenkohlröschen hinzufügen. Alles zugedeckt 5 bis 8 Minuten dünsten.

5 Inzwischen die Petersilie abbrausen, trockenschütteln und die Blättchen abzupfen. Den Reis und die Zuckerschoten in den Wok geben und unter die Gemüse-Fleisch-Mischung heben. Das Ganze mit Salz und Pfeffer abschmecken. Sesam und Petersilienblättchen locker unter das Gericht ziehen.

REZEPTVARIATIONEN

- **Wer Fisch bevorzugt, brät statt der Hähnchenbrustfilets 500 g in mundgerechte Würfel geschnittene Dorsch- oder Rotbarschfilets an.**
- **Liebhaber von Krustentieren braten zuerst das Gemüse im Sojaöl leicht an und geben dann 250 bis 300 g gegarte Tiefseegarnelen ohne Schale hinzu.**

GETRÄNKETIPS

Zum zarten Gemüse und der zarten Hähnchenbrust paßt ein leichter, spritziger Weißwein, z. B. ein Riesling, oder auch eine gut gekühlte Weißweinschorle.

RINDERFILETSTREIFEN MIT CHICORÉE

Infoblock

- Arbeitszeit: ca. 30 Minuten
- Garzeit: 12–15 Minuten
- 4 Portionen
- ca. 240 kcal je Portion

Zutaten

300 g Rinderfilet
1 Bund Frühlingszwiebeln
4 kleine Chicoréestauden
4 Clementinen
1 Saftorange
2 EL Sojaöl
4 Kardamomkapseln
etwas Salz
weißer Pfeffer aus der Mühle
100 ml klare Fleischbrühe (aus Instantpulver oder Fond aus dem Glas)
2 TL Ahornsirup
2 TL ungeschälte Sesamsamen

1 Das Rinderfilet waschen und trockentupfen. Es anschließend zuerst in Scheiben, dann in dünne Streifen schneiden. Die Frühlingszwiebeln putzen, waschen und in etwa 5 cm lange Stücke schneiden.

2 Den Chicorée putzen, waschen und längs halbieren. Den bitteren Strunk herausschneiden und die Chicoréeblätter quer in Streifen schneiden. Die Clementinen schälen und die Filets voneinander trennen. Die weißen Häutchen dabei entfernen. Die Orange auspressen.

3 Das Sojaöl im Wok erhitzen und die Filetstreifen darin portionsweise unter Rühren anbraten. Gegarte Filetstreifen an den Rand des Woks schieben. Dabei die Kardamomkapseln hinzufügen. Das Fleisch mit Salz und Pfeffer würzen.

4 Die Chicoréestreifen und die Mandarinenspalten zum Fleisch geben und daruntermischen. Den Orangensaft und die Brühe angießen und alles etwa 3 Minuten dünsten.

5 Das Gericht mit Ahornsirup und nochmals mit Salz und Pfeffer abschmecken. Alles mit dem Sesam bestreut anrichten.

BEILAGENTIP

Zu den Filetstreifen mit Chicorée schmeckt körnig gekochter Reis (etwa 50 g Rohgewicht je Portion), der mit feingehackter frischer Minze aromatisiert wird.

REZEPTVARIATION

In der italienischen Küche wird Radicchio nicht nur für Salat verwendet, sondern auch warm zubereitet. Anstelle des Chicorées können Sie also auch Radicchio mit seinem leicht herben Geschmack für dieses Gericht verwenden. Dazu einen mittelgroßen Kopf Radicchio putzen, die Blätter ablösen, waschen und in Streifen schneiden. Ein Mitgaren ist nicht nötig, die Blätter nur kurz vor Ende der Garzeit unterziehen.

GETRÄNKETIPS

Dazu paßt frisch gepreßter Orangensaft oder ein alkoholfreies Pils.

SCHOLLENRÖLLCHEN AUF BLATTSPINAT

Infoblock

- **Arbeitszeit: ca. 20 Minuten**
- **Garzeit: ca. 15 Minuten**
- **4 Portionen**
- **ca. 260 kcal je Portion**

Zutaten

750 g Blattspinat
1 Zwiebel
1 Stange Lauch
1 Knoblauchzehe
8 kleine Schollenfilets
Saft von ½ Limette
etwas Salz
weißer Pfeffer aus der Mühle
1 EL Olivenöl
1 EL Pinienkerne
2 EL Korinthen
1 Prise frisch geriebene Muskatnuß
2 EL Meerrettich-Crème-fraîche
1 kleine Tomate

GETRÄNKETIP

Zu Fischgerichten paßt hervorragend ein Entre-Deux-Mers (ein trockener französischer Weißwein).

1 Den Blattspinat verlesen, putzen und sehr gründlich waschen. Die Zwiebel schälen und würfeln. Den Lauch putzen, längs vierteln und waschen. Danach quer in etwa 8 cm lange Stücke schneiden. Die Knoblauchzehe schälen.

2 Die Schollenfilets waschen, trockentupfen und mit dem Limettensaft beträufeln. Sie anschließend mit Salz und Pfeffer bestreuen und die Lauchstreifen quer darauf verteilen. Die Filets zusammenrollen und jeweils mit einem Holzstäbchen zusammenstecken.

3 Das Öl im Wok erhitzen und die Pinienkerne darin goldbraun rösten. Die Zwiebelwürfel hinzugeben und glasig dünsten. Die Knoblauchzehe halbieren und dazupressen.

4 Die Schollenröllchen in den Wok geben und unter Wenden ringsum anbraten, anschließend herausnehmen.

5 Den Spinat und die Korinthen in den Wok geben und zugedeckt kurz zusammenfallen lassen. Den Spinat mit Salz, Pfeffer und Muskatnuß würzen.

6 Die Schollenröllchen auf den Spinat legen und auf jedes Röllchen einen Klecks Crème fraîche geben. Alles im geschlossenen Wok noch 5 Minuten dämpfen.

7 Inzwischen die Tomate waschen, vom grünen Stielansatz befreien und in kleine Würfel schneiden. Zum Schluß die Tomatenwürfel über das Gericht streuen.

BEILAGENTIPS

- **Dazu schmeckt edler Wildreis (etwa 50 g Rohgewicht je Portion).**
- **Gehaltvoller ist ein Kartoffelgratin: 600 g Kartoffeln schälen, waschen und in dünne Scheiben schneiden. Diese dachziegelartig in eine flache, gefettete Auflaufform schichten. Die Kartoffelscheiben mit Salz und Pfeffer würzen und mit 200 g süßer Sahne begießen. Das Gratin im Backofen bei 200 °C etwa 1 Stunde garen.**

REZEPTVARIATION

Eine intensiv süßliche Geschmacksnote bekommt der Spinat, wenn Sie statt der Korinthen Sultaninen nehmen und noch 2 bis 3 Eßlöffel Maiskörner aus der Dose unter den Spinat mischen.

PAPAYA-TOMATEN-TOPF MIT GARNELEN

Infoblock

- Arbeitszeit: ca. 25 Minuten
- Garzeit: ca. 10 Minuten
- 4 Portionen
- ca. 190 kcal je Portion

Zutaten

2 Fleischtomaten
2 reife Papayas
1 mittelgroße Gemüsezwiebel (ca. 200 g)
2 Knoblauchzehen
2 EL Öl
200 g Tiefseegarnelenfleisch
125 ml Hühnerbrühe (aus Instantpulver oder Fond aus dem Glas)
1 Bund glatte Petersilie
etwas Salz
weißer Pfeffer aus der Mühle
1 Prise Zucker

1 Die Fleischtomaten kreuzweise einritzen, mit kochendem Wasser überbrühen, kalt abschrecken und enthäuten. Die Tomaten von den Stielansätzen befreien und in Spalten schneiden.

2 Die Papayas längs halbieren, die Kerne mit einem Teelöffel entfernen und die Fruchthälften mit einem Sparschäler schälen. Das Fruchtfleisch in mundgerechte Stücke schneiden. Die Gemüsezwiebel schälen, halbieren und in halbe Ringe schneiden.

3 Die Knoblauchzehen schälen. Das Öl in einem Wok erhitzen. Die Zwiebelringe darin glasig dünsten. Den Knoblauch dazupressen. Papayastücke, Tomatenspalten und Garnelenfleisch hinzugeben und alles unter Rühren kurz schmoren.

4 Das Ganze mit der Hühnerbrühe ablöschen und 2 bis 3 Minuten bei schwacher Hitze ziehen lassen. Die Petersilie abbrausen, trockenschütteln und in Streifen schneiden.

5 Alles mit Salz, Pfeffer und Zucker abschmecken. Zum Schluß die Petersilienstreifen über das fertige Gericht streuen.

BEILAGENTIP

Zum Papaya-Tomaten-Topf können Sie gekochten Reis (etwa 50 g Rohgewicht je Portion) reichen. Wenn Sie mögen, aromatisieren Sie den gegarten Reis mit Safranpulver (etwa ein Döschen oder ein Briefchen).

PRAKTISCHE TIPS

- **Eine besonders pikante Note gibt frisch gehobelter und frisch geriebener Parmesankäse, den sich jeder bei Tisch über das fertige Gericht streuen kann.**
- **Papayas sind die Früchte eines bis zu 10 Meter hohen Melonenbaums. Sie sind keulenförmig und haben eine ledrige, gelbgrüne bis goldgelbe Farbe. Das hellgelbe bis orangefarbene Fruchtfleisch ist weich und schmeckt melonenartig. Bei uns sind Papayas das ganze Jahr über in Obst- und Gemüseläden sowie in gut sortierten Obstabteilungen der Supermärkte erhältlich.**

GETRÄNKETIPS

Zum Papaya-Tomaten-Topf paßt ein Glas trockener Weißwein oder ein Glas frisch gepreßter Orangensaft.

MIESMUSCHELTOPF MIT FENCHEL

Infoblock

- **Arbeitszeit: ca. 45 Minuten**
- **Garzeit: ca. 15 Minuten**
- **4 Portionen**
- **ca. 230 kcal je Portion**

Zutaten

2 kg Miesmuscheln
4 Tomaten
4 mittelgroße Fenchelknollen
1 Gemüsezwiebel
2 Knoblauchzehen
1 EL Sojaöl
¼ l trockener Weißwein
weißer Pfeffer aus der Mühle

1 Die Miesmuscheln unter fließendem kaltem Wasser gründlich abbürsten, dabei die Bärte entfernen. Geöffnete Muscheln aussortieren, sie sind verdorben.

2 Die Tomaten kreuzweise einritzen, mit kochendem Wasser überbrühen und anschließend kalt abschrecken. Die Tomaten enthäuten, vom grünen Stielansatz befreien und in Spalten schneiden.

3 Die Fenchelknollen waschen und putzen. Das Fenchelgrün abschneiden, fein hacken und beiseite stellen. Die Knollen halbieren und in Streifen schneiden. Die Gemüsezwiebel schälen, halbieren und in halbe Ringe schneiden. Die Knoblauchzehen ebenfalls schälen und halbieren.

4 Das Sojaöl im Wok erhitzen und die Fenchel- und Zwiebelstreifen darin unter Rühren andünsten. Anschließend die Knoblauchzehen dazupressen.

5 Das Gemüse mit dem Weißwein ablöschen und mit reichlich Pfeffer würzen. Die Miesmuscheln hinzufügen und unter das Gemüse rühren. Alles zugedeckt 8 bis 10 Minuten im geschlossenen Wok dünsten, bis sich die Muscheln geöffnet haben.

6 Während der letzten 2 Minuten der Garzeit die Tomatenspalten hinzugeben und darunterheben. Fest geschlossene Muscheln aussortieren, da sie ungenießbar sind. Das Gericht mit dem Fenchelgrün bestreuten.

BEILAGENTIP

Zum Miesmuscheltopf schmeckt frisches Baguette. Außerdem kann man mit dem Brot den köstlichen Sud auftunken.

REZEPTVARIATION

Wenn Sie den anisähnlichen Geschmack des Fenchels nicht mögen, nehmen Sie statt dessen das Gemüse von einem Bund Suppengrün. Das Gemüse putzen, waschen, eventuell schälen und in kleine Würfel schneiden. Es wird wie der Fenchel zusammen mit der Gemüsezwiebel im heißen Öl kurz angebraten. Wer nicht so genau auf die Kalorien achten muß, verfeinert den Sud mit etwas süßer Sahne oder Crème fraîche.

GETRÄNKETIP

Der Wein zum Kochen sollte immer ebenso gut sein wie der zum Trinken. Hier eignet sich für beides ein trockener Riesling oder ein fruchtiger Gewürztraminer.

Ingwergemüse mit Shrimps

Infoblock

- Arbeitszeit: ca. 35 Minuten
- Garzeit: ca. 10 Minuten
- 4 Portionen
- ca. 180 kcal je Portion

Zutaten

250 g Möhren
2 Zucchini
2 gelbe Paprikaschoten
30 g frischer Ingwer
1 Zwiebel
2 EL Sojaöl
1 Msp. gemahlener Kreuzkümmel
1 Bund Frühlingszwiebeln
1 Bund frischer Schnittlauch
2 EL Sojasauce
125 ml Hühnerbrühe (aus Instantpulver oder Fond aus dem Glas)
200 g gekochte Shrimps (mit Schale)
Salz
weißer Pfeffer aus der Mühle

1 Die Möhren putzen, schälen, waschen und in etwa 5 cm lange Stücke schneiden. Diese längs in dünne Scheiben und dann in feine Streifen schneiden. Die Zucchini waschen, putzen und auf die gleiche Weise wie die Möhren in Streifen schneiden.

2 Die Paprikaschoten putzen, vierteln, entkernen und waschen. Die Paprikaviertel zunächst in dünne Streifen, dann in kleine Würfel schneiden. Den Ingwer schälen und fein würfeln oder in Streifen schneiden. Die Zwiebel schälen und dann würfeln. Ingwerstreifen bzw. -würfel und Zwiebelwürfel miteinander mischen.

3 Das Sojaöl im Wok leicht erhitzen und die Zwiebel- und Ingwerwürfel sowie den Kreuzkümmel darin andünsten. Das Gemüse hinzufügen und alles bei mäßiger Hitze 5 bis 8 Minuten dünsten. Das Gemüse sollte knackig-bißfest sein.

4 Währenddessen die Frühlingszwiebeln putzen, waschen und schräg in dünne Ringe schneiden. Den Schnittlauch abbrausen, trockenschütteln und in feine Röllchen schneiden.

5 Die Frühlingszwiebelringe unter das Gemüse ziehen. Sojasauce, Hühnerbrühe und Shrimps ebenfalls zu dem Gemüse geben, alles miteinander verrühren und erhitzen. Das Gericht mit Salz und Pfeffer abschmecken. Zum Schluß die Schnittlauchröllchen darüberstreuen.

BEILAGENTIP

Wer exotische Geschmackskombinationen liebt, sollte einmal einen Früchtereis als Beilage probieren. Sie benötigen dafür ½ Scheibe feingeschnittene Ananas, 1 Teelöffel Korinthen und 1 Teelöffel Mandelsplitter je Portion Reis. Alles miteinander mischen und kurz erwärmen.

REZEPTVARIATION

Statt mit Shrimps können Sie das Gericht auch mit Fischfilet, z. B. mit Rotbarsch oder Lengfisch zubereiten. Sie benötigen etwa 500 g Fischfilet. Es wird in etwa 5 cm lange, fingerdicke Streifen geschnitten. Dann geben Sie die Brühe zusammen mit dem vorbereiteten Gemüse in den Wok, lassen alles einmal aufkochen und würzen mit Sojasauce. Das Fischfilet auf das Gemüse geben und alles etwa 8 Minuten im geschlossenen Wok garen.

PRAKTISCHER TIP

Achten Sie beim Kaufen von Ingwer darauf, daß die Knollen prall sind und seidig glänzen, denn nur dann sind sie wirklich frisch.

GEFÜLLTE GURKENROLLEN

Infoblock

- Arbeitszeit: ca. 45 Minuten
- Garzeit: ca. 30 Minuten
- Zeit zum Marinieren: ca. 30 Minuten
- 4 Portionen
- ca. 300 kcal je Portion

Zutaten

300 g Hähnchenbrustfilet
2 EL Sojasauce
1 unbehandelte Zitrone
1 Wacholderbeere
etwas Salz
schwarzer Pfeffer aus der Mühle
125 g Langkornreis
1 Töpfchen frisches Basilikum, ersatzweise 1 Bund frische Petersilie
2 Salatgurken
1 l Hühnerbrühe (aus Instantpulver oder Fond aus dem Glas)
4 EL süße Sahne

GETRÄNKETIP

Zu den gefüllten Gurkenrollen paßt eine Apfelsaftschorle.

1 Das Hähnchenbrustfilet waschen, trockentupfen, grob würfeln und in eine Schüssel geben. Die Sojasauce darübergeben und mit den Fleischwürfeln mischen.

2 Die Zitrone heiß abwaschen, abtrocknen und die Hälfte der Schale abreiben. Die Zitrone auspressen. Die Wacholderbeere entweder im Mörser gründlich zerstoßen oder mit einem scharfen Messer fein hacken.

3 Die Zitronenschale, einige Spritzer Zitronensaft, die zerstoßene Wacholderbeere, 1 Prise Salz und reichlich Pfeffer zum Hähnchenfleisch geben und alles gründlich miteinander mischen. Die Schüssel abdecken und das Ganze etwa 30 Minuten marinieren.

4 Inzwischen in einem Topf reichlich Salzwasser aufkochen und den Reis darin nach Packungsanleitung körnig kochen. Ihn anschließend gut abtropfen.

5 Alle Basilikumstiele abschneiden, abbrausen, trockenschütteln und die Blättchen abzupfen. Die marinierten Hähnchenbrustwürfel zusammen mit zwei Dritteln der Basilikumblättchen durch die feine Scheibe des Fleischwolfs drehen.

6 Die Gurken mit einem Sparschäler schälen und ihre Enden abschneiden. Dann die Gurken einmal quer halbieren und mit einem Kochlöffelstiel ihre Kerne herausdrücken.

7 Die ausgehöhlten Gurken mit der Fleischfarce füllen, dabei die Füllung von beiden Seiten mit dem Kochlöffelstiel fest hineindrücken. Die Gurken quer in etwa 4 cm lange Stücke schneiden.

8 Die Hühnerbrühe im Wok aufkochen und die Gurkenstücke hineingeben. Das Ganze zugedeckt etwa 6 bis 8 Minuten garen.

9 Anschließend die Brühe mit Zitronensaft abschmecken und mit der Sahne verfeinern. Den gegarten Reis dazugeben und kurz mit erwärmen. Die restlichen Basilikumblättchen über das Gericht streuen.

BEILAGENTIP

Ein Salat aus feingeraspelten Möhren ergänzt die gefüllten Gurkenrollen in Hühnerbrühe perfekt. Für eine Portion benötigen Sie etwa 150 g Möhren. Als Marinade eignet sich sowohl eine Vinaigrette als auch eine Joghurtsauce. Der Salat kann nach Geschmack mit gehobelten Haselnüssen verfeinert werden.

PRAKTISCHER TIP

Falls Sie keinen Fleischwolf haben, können Sie das Hähnchenfleisch auch mit einem Pürierstab oder Stabmixer zerkleinern. Dann ist es aber nötig, das Fleisch vorher sehr fein zu würfeln.

RINDERFILETPÄCKCHEN IM KRÄUTERSUD

Infoblock

- **Arbeitszeit: ca. 20 Minuten**
- **Garzeit: ca. 20 Minuten**
- **4 Portionen**
- **ca. 200 kcal je Portion**

Zutaten

Für den Kräutersud

2 Zwiebeln
1 kleiner Zweig frischer Rosmarin oder 1 TL getrockneter Rosmarin
1 Bund frischer Thymian oder 2 TL getrockneter Thymian
6 Pfefferkörner
375 ml klare Fleischbrühe (aus Instantpulver oder Fond aus dem Glas)

Für die Päckchen

4 große Blätter Wirsingkohl
etwas Salz
4 Scheiben (à ca. 125 g) Rinderfilet
weißer Pfeffer aus der Mühle
2 EL körniger Senf

1 Die Zwiebeln schälen, vierteln und in den Wok geben. Die Kräuter abbrausen, trockenschütteln und einen Teil zum Garnieren beiseite legen. Die restlichen Kräuterzweige, die Pfefferkörner und die Brühe ebenfalls in den Wok geben und alles 10 Minuten köcheln lassen.

2 Inzwischen die Wirsingblätter in kochendem Salzwasser 1 bis 2 Minuten blanchieren. Die dicke Blattrippe flachschneiden.

3 Die Rinderfiletscheiben waschen, trockentupfen, mit Salz und Pfeffer würzen und mit dem Senf bestreichen.

4 Die Filetscheiben mit den Kohlblättern umhüllen und mit Küchengarn zu Päckchen zusammenbinden.

5 Einen Dämpfkorb oder einen Siebeinsatz in den Wok stellen, die Päckchen hineinsetzen und im geschlossenen Wok über der Brühe 5 bis 8 Minuten dämpfen.

6 Das Fleisch anschließend warm stellen. Den Sud durchpassieren und etwas einkochen lassen. Ihn anschließend mit Salz und Pfeffer abschmecken.

7 Das Küchengarn entfernen, die Päckchen in dünne Scheiben schneiden, zusammen mit dem Kräutersud auf Tellern anrichten und mit den übrigen Kräuterzweigen garnieren.

BEILAGENTIPS

- **Zum Rinderfilet im Kräutersud passen kleine Pellkartoffeln oder Salzkartoffeln (etwa 200 g je Portion).**
- **Etwas zeitaufwendiger, aber sehr lecker sind gebackene Kartoffeln. Für diese Beilage je Portion 200 g kleine Kartoffeln mit Schale gründlich waschen, halbieren und mit den Schnittflächen nach unten auf ein gefettetes, mit einigen Eßlöffeln Sesam bestreutes Backblech setzen. Die Kartoffeln salzen, mit etwas weicher Butter bestreichen und im Backofen bei 200 °C etwa 40 Minuten backen.**

PRAKTISCHER TIP

Den restlichen Wirsingkopf können Sie folgendermaßen verwerten:
Die Blätter in Streifen schneiden und zusammen mit 1 gewürfelten Zwiebel in etwas Öl 20 bis 30 Minuten dünsten. Der gedünstete Wirsing kann entweder als Beilage zum Rinderfilet serviert oder eingefroren und später für eine Suppe verwendet werden.

GETRÄNKETIPS

Zum aromatischen Rinderfilet passen ein leichter Rotwein, z. B. ein Trollinger aus Württemberg, oder eine Rotweinschorle.

GEDÄMPFTE LACHSKOTELETTS MIT GEMÜSESAUCE

Infoblock

- Arbeitszeit: ca. 40 Minuten
- Garzeit: ca. 10 Minuten
- 4 Portionen
- ca. 300 kcal je Portion

Zutaten

1 Bund Suppengrün
1 Zwiebel
1 Bund frischer Dill
4 Lachskoteletts
(à ca. 150 g)
etwas Salz
weißer Pfeffer aus der Mühle
Saft von ½ Zitrone
200 ml Hühnerbrühe
(aus Instantpulver oder
Fond aus dem Glas)
1 Msp. Safranpulver
1 Prise Zucker
1 TL Speisestärke
3 EL trockener Weißwein

GETRÄNKETIP

Zu den edlen Lachskoteletts mit feiner Safran-Gemüse-Sauce paßt ein trockener Weißwein, z. B. ein Riesling aus dem Elsaß oder ein Grauburgunder.

1 Das Suppengrün putzen. Die Möhren, den Sellerie und die Petersilienwurzel schälen, waschen und in sehr feine Würfel schneiden. Den Lauch waschen und sehr fein schneiden. Die Zwiebel schälen und fein würfeln. Den Dill abbrausen, trockenschütteln und die feinen Ästchen von den Stielen zupfen.

2 Die Lachskoteletts abspülen, mit Küchenpapier trockentupfen, mit Salz und Pfeffer würzen und mit dem Zitronensaft beträufeln.

3 Die Hühnerbrühe in den Wok geben und aufkochen. Die Möhren-, Sellerie- und Petersilienwürfel sowie das Safranpulver in die Brühe geben. Alles miteinander verrühren und erneut aufkochen. Die Hälfte des Dills hinzugeben.

4 Einen Dämpfkorb in den Wok stellen, die Lachskoteletts hineinlegen und im geschlossenen Wok über dem Gemüsesud 8 bis 10 Minuten dämpfen.

5 Die Lachskoteletts anschließend herausnehmen und warm stellen. Den Dill entfernen und den Gemüsesud mit Salz, Pfeffer und einer Prise Zucker abschmecken.

6 Die Speisestärke mit dem Weißwein verrühren, zum Gemüsesud geben, alles miteinander verrühren und einmal aufkochen lassen. Den restlichen Dill fein hacken. Die Lachskoteletts mit der Gemüsesauce anrichten und mit dem gehackten Dill bestreuen.

BEILAGENTIP

Dazu paßt eine Mischung aus Wildreis und Langkornreis (etwa 50 g Rohgewicht je Portion). Die Reismischung gibt es fertig zu kaufen.

REZEPTVARIATION

Preiswerter als Lachskoteletts sind Kabeljaukoteletts, die aber genauso zubereitet werden. Für die Sauce nehmen Sie zum Abschmecken dann jedoch kein Safranpulver, sondern verfeinern sie mit etwas mittelscharfem Senf oder mit Paprikapulver.

PRAKTISCHER TIP

Safran besteht aus den getrockneten Blütennarben des Safrankrokus und ist das teuerste Gewürz der Welt. Nicht nur wegen seines Preises sollte er sehr vorsichtig dosiert werden, denn er verleiht Speisen ein sehr intensives, bittersüßes Aroma. Safran ist als Pulver oder in Fadenform erhältlich, Fäden müssen vor ihrer Verwendung in Flüssigkeit aufgelöst werden.

PUTENGESCHNETZELTES MIT MAIS

Infoblock

- Arbeitszeit: ca. 30 Minuten
- Garzeit: ca. 10 Minuten
- 4 Portionen
- ca. 260 kcal je Portion

Zutaten

300 g Putenbrustfilet
2 Zwiebeln
3 frische kleine rote Chilischoten
1 große Salatgurke
2 EL Sojaöl
125 ml Hühnerbrühe (aus Instantpulver oder Fond aus dem Glas)
2 TL Honig
125 g Maiskörner aus der Dose
1 Bund frischer Dill
etwas Salz
weißer Pfeffer aus der Mühle

1 Das Putenbrustfilet waschen, trockentupfen und in dünne Streifen schneiden. Die Zwiebeln schälen und würfeln. Die Chilischoten putzen, längs aufschlitzen und die Kernchen unter fließend kaltem Wasser herausspülen.

2 Die Salatgurke mit einem Sparschäler schälen, längs halbieren und die Kerne mit einem Löffel herauskratzen. Die Gurkenhälften in mundgerechte Stücke schneiden.

3 Das Öl im Wok erhitzen. Die Fleischstreifen sowie die Chilischoten und die Zwiebelwürfel darin unter Rühren anbraten.

4 Die Brühe und den Honig hinzufügen und alles miteinander verrühren. Die Gurkenstücke und die Maiskörner dazugeben und das Ganze etwa 3 Minuten im geschlossenen Wok dünsten.

5 Inzwischen den Dill abbrausen, trockenschütteln und die gefiederten Ästchen von den Stielen zupfen. Das Gericht mit Salz und Pfeffer abschmecken und den Dill vorsichtig unterheben.

BEILAGENTIPS

Zum Putengeschnetzelten paßt ein lockeres Kartoffelpüree (etwa 200 g je Portion), Reis oder Bandnudeln (jeweils etwa 50 g Rohgewicht je Portion).

REZEPTVARIATION

Natürlich läßt sich das Gericht auch phantastisch mit Schmorgurken zubereiten. Da zur selben Zeit meist auch frische Pfifferlinge im Angebot sind, nehmen Sie statt der Maiskörner eine Handvoll frischer Pilze dazu. 4 mittelgroße Schmorgurken ebenso wie die Salatgurken vorbereiten. 125 g Pfifferlinge waschen und putzen. Große Pilze kleiner schneiden. Die Pilze zusammen mit den Fleischstreifen anbraten, dann die Gurkenstücke hinzugeben. Die Garzeit erhöht sich um etwa 2 bis 3 Minuten.

GETRÄNKETIPS

Dazu paßt ein halbtrockener Weißherbst oder ein Gemüsesaft.

Rotbarsch mit Gemüsestreifen

Infoblock

- Arbeitszeit: ca. 40 Minuten
- Garzeit: ca. 12 Minuten
- 4 Portionen
- ca. 260 kcal je Portion

Zutaten

2 Möhren
2 Zucchini
½ Staudensellerie
2 gelbe Paprikaschoten
500 g Rotbarschfilet
2 Knoblauchzehen
1 TL Sojaöl
2 TL Kurkuma (Gelbwurz), ersatzweise Currypulver
250 ml Hühnerbrühe (aus Instantpulver oder Fond aus dem Glas)
1 Bund frische Petersilie
Salz
weißer Pfeffer aus der Mühle

1 Die Möhren putzen, schälen und waschen. Die Zucchini waschen und putzen. Beide Gemüsesorten zunächst in etwa 4 cm lange Stücke, dann längs in dünne Scheiben und wieder längs in dünne Streifen schneiden.

2 Den Staudensellerie putzen, waschen und die Fasern von den Stangen abziehen. Die Selleriestangen schräg in dünne Stücke schneiden. Die Paprikaschoten vierteln, entkernen, waschen und in kleine Rauten schneiden.

3 Das Rotbarschfilet unter kaltem Wasser abspülen, mit Küchenpapier trockentupfen und in Streifen schneiden. Die Knoblauchzehen schälen und halbieren.

4 Das Sojaöl im Wok erhitzen. Die Knoblauchzehen dazupressen und andünsten. Das Kurkumapulver hinzufügen, sofort die Brühe angießen und umrühren.

5 Die Rotbarschstreifen in die Brühe geben und im geschlossenen Wok zunächst 5 Minuten garen. In der Zwischenzeit die Petersilie abbrausen, trockenschütteln, die Blättchen abzupfen und fein hacken.

6 Dann das kleingeschnittene Gemüse hinzufügen, alles miteinander verrühren und bei geschlossenem Deckel noch weitere 5 bis 7 Minuten dünsten. Das Ganze mit Salz und Pfeffer abschmecken. Das Gemüse soll knackig-bißfest sein. Zum Schluß das Gericht mit der gehackten Petersilie bestreuen.

Beilagentips

- **Zu der delikaten Gemüse-Fisch-Kombination paßt Vollkornreis (etwa 50 g Rohgewicht je Portion). Er benötigt 20 bis 60 Minuten Garzeit, je nach Sorte.**
- **Gut schmecken dazu auch türkische Sesamringe, die im Ofen knusprig aufgebacken werden.**

Rezeptvariation

Das Gericht läßt sich abgekühlt auch prima zu einem Salat abwandeln. Dazu die Brühe mit 2 bis 3 Eßlöffeln Essig abschmecken und alles auf Blattsalat anrichten. Entweder Sie nehmen neutralen Weißweinessig, oder Sie schmecken den Salat mit einem aromatischen Estragon- oder Rotweinessig ab.

PRAKTISCHER TIP

Kurkuma, auch Gelbwurz genannt, ist die Wurzel einer tropischen Pflanze. Sie wird vor allem in der indischen Küche verwendet. Bei uns bekommt man Kurkuma meist nur als Pulver. Sie ist ein Hauptbestandteil des Currypulvers. Neben dem Aroma verleiht Kurkuma den Gerichten eine charakteristische gelbe Farbe. Man sollte sie jedoch nie zusammen mit Sahne verwenden, da sonst ihr Geschmack verlorengeht.

Chinakohlsäckchen mit scharfer Sauce

Infoblock

- Arbeitszeit: ca. 40 Minuten
- Garzeit: ca. 15 Minuten
- 4 Portionen
- ca. 400 kcal je Portion

Zutaten

Für die Säckchen

500 g Seelachs-, Lachs- oder Lachsforellenfilets
12 große Chinakohlblätter
ca. ½ TL Salz
1 Bund frischer Schnittlauch
75 g Crème fraîche
1 Ei
weißer Pfeffer aus der Mühle
½ TL abgeriebene Schale einer unbehandelten Zitrone
1 EL Zitronensaft

Für die Sauce

200 ml Hühnerbrühe (aus Instantpulver oder Fond aus dem Glas)
75 g Erdnußbutter
6 EL Tomatenketchup
etwas Salz
1 Msp. Chilipulver
1 EL ungesalzene Erdnüsse

1 Die Fischfilets unter kaltem Wasser abspülen und mit Küchenpapier gut trockentupfen. Falls noch Haut und restliche Gräten vorhanden sind, diese sorgfältig entfernen. Gräten lassen sich gut mit einer Pinzette herausziehen.

2 Die Chinakohlblätter putzen, abspülen und in reichlich kochendem Salzwasser etwa 1 Minute blanchieren. Die Blätter auf Küchenpapier ausbreiten und die dicken Strünke mit einem scharfen Messer flachschneiden. Den Schnittlauch waschen, ganz kurz blanchieren und anschließend kalt abschrecken.

3 Den Fisch grob würfeln und zusammen mit der Crème fraîche und dem Ei mit einem Pürierstab oder im Mixaufsatz einer Küchenmaschine pürieren. Die Farce mit Salz, Pfeffer, Zitronenschale und -saft abschmecken.

4 Das untere Viertel der Chinakohlblätter abschneiden und anderweitig verwenden. Jeweils 2 Teelöffel der Fischfarce in die Mitte eines Chinakohlblattes geben. Die überstehenden Blattränder nach oben schlagen und mit 2 bis 3 Schnittlauchhalmen zusammenbinden.

5 Dreifingerbreit kochendes Wasser in den Wok gießen und dieses nochmals aufkochen lassen. Einen Dämpfkorb oder Siebeinsatz in den Wok stellen und die Chinakohlsäckchen hineinsetzen. Den Deckel auflegen und das Ganze etwa 10 Minuten dämpfen.

6 Inzwischen für die Erdnußsauce die Hühnerbrühe in einem kleinen Topf erhitzen. Die Erdnußbutter und den Tomatenketchup hineinrühren und alles mit Salz und Chilipulver kräftig abschmecken. Die Erdnüsse hacken und darunterrühren.

7 Die fertigen Chinakohlsäckchen auf vorgewärmten Tellern anrichten und die Erdnußsauce dazugeben.

BEILAGENTIP

Reichen Sie zum gefüllten Chinakohl mit Erdnußsauce Quellreis (etwa 50 g Rohgewicht je Portion).

PRAKTISCHER TIP

Der Fisch läßt sich besser pürieren, wenn Sie die Würfel auf einem großen Teller ausbreiten und vorab für etwa 25 Minuten im Tiefkühlfach anfrosten lassen.

GETRÄNKETIP

Zu den Chinakohlsäckchen mit cremiger Erdnußsauce paßt ein Gläschen warmer Reiswein. Dazu den Wein im Wasserbad auf 45 bis 50 °C erwärmen. Es werden stets nur kleine Mengen getrunken, denn immerhin hat Reiswein 16 bis 17 Vol. % Alkohol. Reiswein kommt aus China und Japan (Sake). Dort wird er aus kleinen Porzellanschälchen getrunken.

SCHWEINEFILET MIT GLASNUDELN

Infoblock

- Arbeitszeit: ca. 30 Minuten
- Garzeit: ca. 10 Minuten
- Zeit zum Kühlen: ca. 20 Minuten
- 4 Portionen
- ca. 410 kcal je Portion

Zutaten

6 getrocknete chinesische Shiitakepilze (Tongupilze)
150 g Glasnudeln
300 g Schweinefilet
1 EL Speisestärke
etwas Salz
1 Eiweiß
1 Bund Frühlingszwiebeln
2 rote Paprikaschoten
2 EL Sesamöl
1 gepreßte Knoblauchzehe
150 g kleine Maiskolben aus dem Glas
4 EL Sojasauce
2 EL trockener Sherry
weißer Pfeffer aus der Mühle
1 Prise Zucker

1 Die Pilze und die Glasnudeln mit reichlich kochendem Wasser übergießen. Beides etwa 20 Minuten quellen lassen.

2 Das Schweinefilet in dünne Scheiben schneiden. Speisestärke, Salz und Eiweiß miteinander verrühren. Die Fleischscheiben damit bestreichen und für etwa 20 Minuten abgedeckt in den Kühlschrank stellen.

3 Die Frühlingszwiebeln putzen, waschen und schräg in Ringe schneiden. Die Paprikaschoten putzen, waschen, entkernen, vierteln und in dünne Streifen schneiden.

4 Die Pilze abgießen, dabei die Einweichflüssigkeit auffangen. Die Pilzstiele abschneiden und die Pilzhüte in Streifen schneiden.

5 Das Öl im Wok erhitzen und das Fleisch darin anbraten. Den Knoblauch dazugeben. Die Paprikastreifen und die Pilzstreifen hinzufügen und mitbraten. Frühlingszwiebelringe und Maiskolben hinzufügen.

6 Die Einweichflüssigkeit der Pilze zusammen mit Sojasauce, Sherry, Pfeffer und Zucker verrühren und angießen. Alles einmal aufkochen und 3 bis 5 Minuten bei schwacher Hitze ziehen lassen.

7 Die Glasnudeln abgießen, mit einer Schere kleinschneiden und zu dem Gericht geben. Alles noch einmal kurz erhitzen.

REZEPTVARIATIONEN

- **Anstelle des Schweinefilets können Sie auch 300 g in dünne Scheiben geschnittenes Rinder- oder Hähnchenbrustfilet verwenden.**
- **Wenn Sie gerne scharf essen, können Sie zusätzlich 1 frische, entkernte, in Ringe geschnittene, rote Chilischote zusammen mit den Paprikastreifen und den Pilzen zum Fleisch geben.**

PRAKTISCHER TIP

Shiitakepilze (auch Tongupilze genannt) zählen zu den Edelpilzen. Sie werden sowohl frisch als auch getrocknet gehandelt. Ihr Fleisch ist fest und saftig. Wenn Sie getrocknete Shiitakepilze verwenden, die im übrigen fast ebenso aromatisch schmecken wie die frischen, dann müssen sie einige Zeit in heißem Wasser quellen. Anschließend die festen Stiele abschneiden, denn sie werden nicht verwendet.

KALBSRÖLLCHEN IN WEINSAUCE

Infoblock

- **Arbeitszeit: ca. 25 Minuten**
- **Garzeit: ca. 14 Minuten**
- **4 Portionen**
- **ca. 300 kcal je Portion**

Zutaten

8 dünne, kleine Kalbsschnitzel (à ca. 60 g)
weißer Pfeffer aus der Mühle
4 hauchdünne Scheiben roher Schinken, z. B. Parmaschinken
8 frische Salbeiblätter, ersatzweise getrocknete
50 g frisch geriebener Parmesan
1 Möhre
1 Stange Staudensellerie
2 Tomaten
2 EL Olivenöl
4 EL trockener Marsalawein, ersatzweise Rotwein
⅛ l klare Fleischbrühe (aus Instantpulver oder Fond aus dem Glas)
etwas Salz

---

1 Die Kalbsschnitzel abspülen, trockentupfen, leicht flachklopfen und mit Pfeffer bestreuen. Die Schinkenscheiben halbieren und auf die Kalbsschnitzel legen. Die Salbeiblätter und den Parmesan darauf verteilen. Die Kalbsschnitzel zusammenrollen und jeweils mit einem Holzstäbchen zusammenstecken.

---

2 Die Möhre putzen, schälen, waschen und kleinwürfeln. Den Staudensellerie waschen und in Scheibchen schneiden.

---

3 Die Tomaten kreuzweise einritzen und mit kochendem Wasser überbrühen. Die Tomaten anschließend enthäuten, vom grünen Stielansatz befreien und kleinwürfeln.

---

4 Das Olivenöl im Wok erhitzen und die Röllchen darin ringsherum hellbraun anbraten. Die Möhrenwürfel und die Selleriescheibchen hinzufügen und kurz andünsten.

---

5 Alles mit dem Marsala und der Brühe ablöschen und die Tomatenwürfel hinzufügen. Das Gericht zugedeckt etwa 10 Minuten schmoren lassen. Die Weinsauce zum Schluß mit Salz und Pfeffer abschmecken.

KALBSSCHNITZEL MIT ZITRONENSAUCE

1 Die Kalbsschnitzel abspülen, trockentupfen, leicht flachklopfen und mit Salz und Pfeffer würzen.

2 Nun 1½ Zitronen auspressen. Die übrige Zitronenhälfte in Spalten schneiden.

3 Das Öl im Wok erhitzen und die Schnitzel darin von beiden Seiten in zwei Portionen anbraten. Anschließend alle Schnitzel zurück in den Wok geben.

4 Die Brühe und den Zitronensaft angießen und das Fleisch 3 bis 4 Minuten bei schwacher Hitze garen. Zum Schluß die Kapern hinzufügen. Die Kalbsschnitzel mit den Zitronenscheiben sowie mit Basilikum bestreut anrichten.

BEILAGENTIPS

- **Als Beilage zu den Kalbsröllchen und auch zu den Kalbsschnitzeln auf italienische Art passen am besten Tagliatelle (Bandnudeln; etwa 50 g Rohgewicht je Portion).**
- **Als Gemüsebeilage schmecken Erbsen, Brokkoli oder Spargel (jeweils etwa 300 g je Portion).**

Infoblock

- **Arbeitszeit: ca. 5 Minuten**
- **Garzeit: ca. 10 Minuten**
- **4 Portionen**
- **ca. 200 kcal je Portion**

Zutaten

8 dünne, kleine Kalbsschnitzel (à ca. 60 g)
etwas Salz
weißer Pfeffer aus der Mühle
2 Zitronen
3 EL Öl
⅛ l klare Brühe (aus Instantpulver oder Fond aus dem Glas)
1 TL Kapern aus dem Glas
einige EL kleingehacktes frisches Basilikum

GETRÄNKETIP

Zu beiden Gerichten paßt besonders gut ein italienischer Weißwein, z. B. ein Orvieto Classico oder ein Vernaccia di San Gimignano.

PAPRIKAGEMÜSE MIT SCHAFSKÄSE

Infoblock

- Arbeitszeit: ca. 20 Minuten
- Garzeit: ca. 10 Minuten
- 4 Portionen
- ca. 260 kcal je Portion

Zutaten

800 g rote, gelbe und grüne Paprikaschoten
1 Gemüsezwiebel
2 Knoblauchzehen
½ Bund frischer Thymian, ersatzweise 2 TL getrockneter Thymian
1 kleiner Zweig Rosmarin, ersatzweise ½ TL getrockneter Rosmarin
200 g Schafskäse (Feta)
2 EL Olivenöl
100 g schwarze, entsteinte Oliven
wenig Salz
reichlich schwarzer Pfeffer aus der Mühle

1 Die Paprikaschoten putzen, waschen, vierteln, entkernen und in mundgerechte Stücke schneiden. Die Gemüsezwiebel schälen und in grobe Würfel schneiden. Die Knoblauchzehen schälen und in feine Scheiben schneiden.

2 Die Thymian- und Rosmarinzweige abbrausen und trockenschütteln. Thymianblättchen und Rosmarinnadeln von den Stielen zupfen. Den Schafskäse mit einer Gabel in grobe Stücke zerteilen.

3 Das Olivenöl im Wok erhitzen. Paprikastücke und Zwiebelwürfel sowie Kräuter hinzugeben. Das Ganze unter Rühren 3 bis 4 Minuten bei mittlerer Hitze braten. Den Knoblauch zum Schluß dazugeben und kurz mitbraten.

4 Den Schafskäse zusammen mit den Oliven zum Paprikagemüse geben und alles kurz erhitzen. Das Ganze mit wenig Salz und reichlich Pfeffer abschmecken.

BEILAGENTIPS

Zum Paprikagemüse auf griechische Art können Sie Pellkartoffeln oder knuspriges Stangen- bzw. Fladenbrot reichen.

PRAKTISCHER TIP

Als Feta werden Käse bezeichnet, die in Salzlake gereift sind. Im vorliegenden Rezept sollte ein original griechischer Schafskäse bevorzugt Verwendung finden. Bei uns wird Fetakäse oft aus Kuhmilch hergestellt.

GETRÄNKETIPS

Zum Paprikagemüse paßt ein Glas griechischer Landwein oder eine spritzige Weißweinschorle.

BROKKOLI UND SPARGEL IN AUSTERNSAUCE

Infoblock

- **Arbeitszeit: ca. 25 Minuten**
- **Garzeit: ca. 8 Minuten**
- **4 Portionen**
- **ca. 190 kcal je Portion**

Zutaten

6 getrocknete Shiitakepilze (Tongupilze)
500 g Brokkoli
500 g grüner Spargel (vorzugsweise dünner Thaispargel)
Salz
2 Knoblauchzehen
1 rote Chilischote
3 EL Sojaöl
200 ml Hühnerbrühe (aus Instantpulver oder Fond aus dem Glas)
2–3 EL Austernsauce
150 g gegarte Tiefsee-garnelen

1 Die Shiitakepilze für etwa 10 Minuten in lauwarmem Wasser einweichen. Sie dann abspülen, die Stiele abschneiden und wegwerfen, die Hüte in Streifen schneiden.

2 Die Brokkoli putzen, waschen und in Röschen teilen. Die Brokkolistiele in kleine Stücke schneiden. Den Spargel waschen und die Enden großzügig abschneiden. Den Spargel schräg in Stücke schneiden.

3 Die Brokkoli und den Spargel getrennt in reichlich kochendem Salzwasser 1 bis 2 Minuten blanchieren. Das Gemüse in einem Sieb mit kaltem Wasser abschrecken und gut abtropfen lassen.

4 Den Knoblauch schälen und fein würfeln. Die Chilischote längs aufschlitzen, die Kernchen entfernen und die Schote abspülen. Sie ebenfalls fein würfeln.

5 Das Sojaöl im Wok erhitzen. Die Knoblauch- und Chiliwürfel darin andünsten. Den Spargel und die Pilzstreifen hinzugeben und alles unter Rühren 1 bis 2 Minuten braten. Die Brokkoli hinzufügen und alles weitere 1 bis 2 Minuten unter Rühren braten.

6 Die Brühe und die Austernsauce zum Gemüse geben und alles einmal aufkochen. Die Tiefseekrabben unter das Gemüse heben.

BEILAGENTIP

Zu dem pikant-scharfen Brokkoli-Spargel-Gemüse passen Reisnudeln (etwa 50 g Rohgewicht je Portion). Diese müssen zunächst etwa 30 Minuten in Wasser eingeweicht und dann noch etwa 5 Minuten gegart werden.

REZEPTVARIATION

Das Gemüse läßt sich einfach abwandeln, indem man anstelle der Tiefseegarnelen mageres Hähnchenfleisch und Cashewkerne verwendet. Schneiden Sie dazu 400 g Hähnchenbrustfilet in feine Streifen, und braten Sie diese im heißen Öl an. Dann erst das Gemüse hinzufügen und die Brühe angießen. Zum Schluß 30 g geröstete Cashewkerne unter das Gericht heben.

NASI GORENG

Infoblock

- **Arbeitszeit: ca. 45 Minuten**
- **Garzeit: ca. 15 Minuten**
- **4 Portionen**
- **ca. 460 kcal je Portion**

Zutaten

150 g Basmatireis
Salz
2 Möhren
1 Stange Lauch
400 g Chinakohl
2 Zwiebeln
2 Knoblauchzehen
1 haselnußgroßes Stück frischer Ingwer
2 grüne Peperoni
300 g Hähnchenbrustfilet
125 g geschälte, gekochte Tiefseegarnelen
2 Eier
3 EL Fisch- oder Sojasauce
weißer Pfeffer aus der Mühle
5 EL Öl
3 EL Limettensaft
1 Msp. Sambal Oelek

GETRÄNKETIPS

Zum Nasi Goreng schmecken frisch gebrühter Pfefferminztee, schwarzer Tee, Mineralwasser oder Bier.

1 Den Basmatireis in 300 ml Salzwasser geben, aufkochen lassen und gut umrühren. Den Reis 20 bis 30 Minuten bei schwacher Hitze und geschlossenem Topfdeckel ausquellen lassen.

2 Die Möhren putzen, schälen, waschen und in Streifen schneiden. Den Lauch putzen, längs aufschlitzen und gründlich waschen. Dann den Lauch in halbe Ringe schneiden. Den Chinakohl putzen, waschen und in Streifen schneiden. Die Zwiebeln, den Knoblauch und den Ingwer schälen und fein würfeln. Die Peperoni längs aufschlitzen, die Kernchen entfernen und waschen. Die Peperoni in sehr feine Würfel schneiden. Den Ingwer schälen und ebenfalls fein würfeln oder in Streifen schneiden.

3 Das Fleisch abspülen, trockentupfen und in feine Streifen schneiden. Die Garnelen abspülen und in einem Sieb abtropfen lassen. Die Eier mit 2 Eßlöffeln Fisch- oder Sojasauce verquirlen und mit etwas Pfeffer würzen.

4 1 Eßlöffel Öl im Wok erhitzen und darin nacheinander 2 bis 3 dünne Omeletts backen. Die Omeletts herausnehmen und in feine Streifen schneiden.

5 2 Eßlöffel Öl in den Wok geben. Die Zwiebel-, Knoblauch- und Ingwerwürfel darin anbraten. Möhrenstreifen, Lauchringe und Chiliwürfel hinzufügen und unter Rühren 1 bis 2 Minuten mitbraten.

6 Das Fleisch zu dem Gemüse geben und unter Rühren 2 bis 3 Minuten anbraten. Das restliche Öl angießen und erhitzen. Den gegarten Reis hinzufügen und alles weitere 6 bis 8 Minuten unter Rühren braten.

7 Während der letzten Minuten die Garnelen und die Chinakohlstreifen hinzufügen. Alles mit der restlichen Fisch- oder Sojasauce, Limettensaft, Sambal Oelek, Salz und Pfeffer abschmecken. Die Omelettstreifen unter das Gericht ziehen.

PRAKTISCHER TIP

Nasi Goreng können Sie bestens aus übriggebliebenem Reis und Fleischresten zubereiten und daraus ein kleines Abendessen zaubern. Die halbe Rezeptmenge ist dafür ausreichend, d. h. Sie benötigen für einen Imbiß für 4 Personen etwa 200 g gegarten Reis. Gegartes Schweine-, Hühner- oder Rindfleisch sollten Sie in kleine Würfel schneiden und ganz kurz im heißen Öl anbraten. Die Garnelen können Sie weglassen.

KNUSPRIGE FISCHBÄLLCHEN

Infoblock

- Arbeitszeit: ca. 15 Minuten
- Garzeit: 12–15 Minuten
- Zeit zum Einweichen: ca. 30 Minuten
- Zeit zum Abkühlen: ca. 30 Minuten
- 4 Portionen
- ca. 380 kcal je Portion

Zutaten

6 getrocknete Shiitakepilze (Tongupilze)
1 Knoblauchzehe
1 unbehandelte Limette
1 rote Chilischote
1 Bund Frühlingszwiebeln
500 g Kabeljaufilet
1 EL Sesamöl
1 Eiweiß
etwas Salz
2–3 EL Paniermehl
½ l Öl zum Fritieren
einige Salatblätter und Zitronenscheiben zum Anrichten

1 Die Pilze abspülen und in lauwarmem Wasser etwa 30 Minuten einweichen. Die Knoblauchzehe schälen und halbieren. Die Limette heiß abwaschen, abtrocknen und die Schale abreiben. Ihren Saft auspressen. Die Chilischote waschen, längs aufschlitzen, die Kernchen entfernen und die Chilischote sehr fein würfeln.

2 Die Frühlingszwiebeln putzen, waschen und sehr fein schneiden. Das Fischfilet abspülen, trockentupfen und in grobe Würfel schneiden. Die Fischwürfel durch die feine Scheibe des Fleischwolfs drehen. Die Farce anschließend kühl stellen.

3 Die Pilzstiele entfernen, die Pilzhüte fein würfeln. Öl im Wok erhitzen und die Pilzwürfelchen darin unter Rühren anbraten. Die Knoblauchzehe dazupressen, Limettenschale und Chiliwürfelchen dazugeben, alles kurz mitbraten und den Limettensaft hinzufügen.

4 Die abgekühlte Pilzmischung und das Eiweiß unter die Fischfarce rühren und alles mit etwas Salz würzen. Dann nach und nach das Paniermehl darunterkneten, bis eine formbare Masse entstanden ist. Die feingeschnittenen Frühlingszwiebeln unter die Fischfarce kneten und diese für 30 Minuten kühl stellen.

5 Das Öl zum Fritieren im Wok erhitzen. Mit angefeuchteten Händen aus der Fischfarce etwa 25 kleine Bällchen formen. Die Fischbällchen portionsweise in dem Öl goldbraun fritieren.

6 Die Fischbällchen auf Küchenpapier abtropfen lassen und auf den Salatblättern anrichten, die Zitronenscheiben dazulegen.

BEILAGENTIPS

- **Die Fischbällchen mit gedünstetem Chinakohl (etwa 300 g je Portion) und Reis (etwa 50 g Rohgewicht je Portion) servieren.**
- **Die Fischbällchen sind auch ein idealer Snack für ein asiatisches Buffet. Dann reichen Sie sauer eingelegtes Gemüse dazu, z. B. Paprikastreifen oder Kürbiswürfel.**

PRAKTISCHE TIPS

- **Sie können das Fischfilet auch im elektrischen Mixer pürieren, dann sollten Sie es allerdings vorher in kleine Würfel schneiden. Die Fischfarce darf aber nicht zu musig werden.**
- **Verwenden Sie zum Fritieren Erdnußöl. Es ist hitzebeständig und gibt den Fischbällchen einen besonderen Geschmack.**

CHINESISCHES FONDUE

Infoblock

- **Arbeitszeit: ca. 45 Minuten**
- **Garzeit: ca. 2 Minuten je Portion**
- **Zeit zum Anfrosten: 2–3 Stunden**
- **Zeit zum Quellen: ca. 15 Minuten**
- **4 Portionen**
- **ca. 390 kcal je Portion**

Zutaten

400 g Rinderfilet
12 getrocknete Shiitakepilze (Tongupilze)
150 g Glasnudeln
200 g frischer Blattspinat
1 Bund Frühlingszwiebeln
250 g Möhren
½ Kopf Chinakohl
1½–2 l leichte Hühnerbrühe (aus Instantpulver oder selbstgekocht)
verschiedene Fertigsaucen zum Würzen, z. B. helle und dunkle Sojasauce, Hoisinsauce, Chilisauce oder Pflaumensauce

GETRÄNKETIPS

Als Getränk zum chinesischen Fondue einen gut gekühlten, leichten, trockenen Weißwein, Bier oder grünen Tee reichen.

1 Das Rinderfilet 2 bis 3 Stunden im Tiefkühlfach anfrosten, damit es sich anschließend leichter hauchdünn aufschneiden läßt.

2 Die Pilze in lauwarmem Wasser einweichen. Die Glasnudeln mit kochendem Wasser übergießen und etwa 15 Minuten quellen lassen.

3 Den Spinat gründlich waschen und putzen. Die Frühlingszwiebeln putzen, waschen und schräg in dünne Ringe schneiden. Die Möhren putzen, schälen, waschen und erst in dünne Scheiben, dann in dünne Streifen schneiden. Den Chinakohl putzen, vom Strunk befreien, in Streifen schneiden, waschen und abtropfen lassen.

4 Die Glasnudeln mit einer Schere kleinschneiden und in einem Sieb abtropfen lassen. Sie dann in eine Schüssel geben.

5 Die Pilzhüte kreuzweise mit einem scharfen Küchenmeser einritzen. Die Pilzstiele herausdrehen und wegwerfen.

6 Das Rinderfilet in hauchdünne Scheiben schneiden, das geht am besten mit einer Aufschnittmaschine. Die Fleischscheiben sofort auf einer vorgekühlten Platte ausbreiten.

7 Das Gemüse und die Pilze auf einer Platte hübsch anrichten. Die Brühe in einem Topf erhitzen, in den Wok umfüllen und diesen auf ein heißes Rechaud stellen. Die vorbereiteten Zutaten portionsweise in Fonduesiebe geben und in der Brühe in etwa 2 Minuten garen. Fleisch und Gemüse anschließend nach Geschmack mit den Saucen würzen.

BEILAGENTIPS

- **Die ideale Ergänzung zu diesem Fondue ist Klebreis (Rezept S. 114).**
- **Sie können auch Baguettes dazu anbieten.**

PRAKTISCHE TIPS

- **Besonders dekorativ sehen Möhrenrädchen aus. Dazu nehmen Sie am besten mittelgroße, etwa gleich dicke Möhren. Die Möhren schälen und mit einem scharfen Messer der Länge nach vier etwa 3 mm tiefe Kerben hineinschneiden. Dann die Möhren in Scheiben schneiden.**
- **Aus der übrigen Chinakohlhälfte können Sie einen Salat als Beilage zubereiten.**

GARNELEN IN KOKOS-CURRY-SAUCE

Infoblock

- Arbeitszeit: ca. 25 Minuten
- Garzeit: ca. 8 Minuten
- 4 Portionen
- ca. 260 kcal je Portion

Zutaten

½ Paksoistaude (eine asiatische Kohlart), ersatzweise ½ Kopf Chinakohl
1 Bund Frühlingszwiebeln
2 Möhren
2–3 TL milde Currypaste
4 EL Austernsauce
4 EL helle Sojasauce
½ Dose ungesüßte Kokosmilch (200 ml)
½ TL flüssiger Honig
etwas abgeriebene Schale von 1 Limette
2 Knoblauchzehen
1 walnußgroßes Stück frischer Ingwer
3 EL Erdnußöl
12 geschälte, rohe Riesengarnelen

1 Den Paksoi putzen, waschen und die Blätter in etwa 3 cm große Stücke schneiden. Die Stiele in Rauten schneiden. Die Frühlingszwiebeln waschen, putzen und schräg in Ringe schneiden. Die Möhren putzen, schälen, waschen und in feine Streifen schneiden.

2 Currypaste, Austernsauce, Sojasauce, Kokosmilch, Honig und Limettenschale miteinander verrühren.

3 Den Knoblauch und den Ingwer schälen und fein würfeln. Das Öl im Wok erhitzen und beides darin kurz anbraten.

4 Die Paksoistücke, die Frühlingszwiebelringe und die Möhrenstreifen hinzugeben und alles unter Rühren 2 bis 3 Minuten braten. Die gewürzte Kokosmilch angießen und alles einmal aufkochen. Die Garnelen hinzufügen und das Gericht 3 bis 4 Minuten unter gelegentlichem Umrühren garen.

BEILAGENTIP

Zu den Garnelen in Kokos-Curry-Sauce paßt am besten Basmatireis (etwa 50 g Rohgewicht je Portion).

PAKSOIGEMÜSE MIT CASHEWKERNEN

1 Den Paksoi putzen, waschen und kleinschneiden. Die Gemüsezwiebel schälen und würfeln. Den Knoblauch schälen und in Scheiben schneiden. Die Chilischote waschen, längs aufschlitzen, die Kernchen entfernen und die Schote in Ringe schneiden.

2 Das Öl im Wok erhitzen und die Cashewkerne darin goldbraun rösten. Paksoistücke, Zwiebelwürfel Knoblauchscheiben und Chiliringe hinzufügen und alles unter Rühren 6 bis 8 Minuten braten. Das Gericht mit Salz und Pfeffer würzen.

REZEPTVARIATION

Das Paksoigemüse kann durch 300 g Rinderfilet ergänzt werden. Dazu das Fleisch in feine Streifen schneiden und mit Salz und Pfeffer würzen. Die Streifen anschließend in 1 Eßlöffel Öl unter ständigem Umrühren etwa 1 Minute anbraten, dann das Fleisch herausnehmen und das Öl abgießen. Das Gemüse so zubereiten wie oben beschrieben, 2 Minuten vor Ende der Garzeit die Filetstreifen hinzufügen und alles nochmals erhitzen.

Infoblock

- **Arbeitszeit: ca. 20 Minuten**
- **Garzeit: ca. 10 Minuten**
- **4 Portionen**
- **ca. 170 kcal je Portion**

Zutaten

1 Paksoistaude (eine asiatische Kohlart), ersatzweise 1 Kopf Chinakohl
1 Gemüsezwiebel
2 Knoblauchzehen
1 rote Chilischote
3 EL Sojaöl
50 g Cashewkerne
Salz
weißer Pfeffer aus der Mühle

PROVENZALISCHES GEMÜSE

Infoblock

- **Arbeitszeit: ca. 25 Minuten**
- **Garzeit: ca. 15 Minuten**
- **Zeit zum Durchziehen: ca. 10 Minuten**
- **4 Portionen**
- **ca. 290 kcal je Portion**

Zutaten

2 große Auberginen
Salz
2 Zucchini
2 rote Paprikaschoten
1 gelbe Paprikaschote
8 EL Olivenöl
1 Zweig frischer Rosmarin oder 2 TL getrockneter Rosmarin
½ Bund frischer Thymian oder 2 TL getrockneter Thymian
1 frisches oder getrocknetes Lorbeerblatt
2 Fleischtomaten
1 Gemüsezwiebel
2 Knoblauchzehen
⅛ l trockener Weißwein
½ l Tomatensaft
weißer Pfeffer aus der Mühle

1 Die Auberginen waschen, die Enden abschneiden und die Auberginen in grobe Würfel schneiden. Die Auberginenwürfel mit etwas Salz bestreuen und etwa 10 Minuten ziehen lassen.

2 Die Zucchini waschen, die Enden abschneiden und die Zucchini in Scheiben schneiden. Die Paprikaschoten putzen, vierteln, entkernen und waschen. Sie anschließend in nicht zu kleine Rauten schneiden. Die Auberginenwürfel mit Küchenpapier trockentupfen.

3 Dann 4 Eßlöffel Olivenöl im Wok erhitzen und das vorbereitete Gemüse darin bei starker Hitze unter Rühren kurz anbraten. Es anschließend herausnehmen.

4 Den frischen Rosmarin und den Thymian abbrausen und zusammen mit dem Lorbeerblatt mit Küchengarn zusammenbinden.

5 Die Tomaten waschen, achteln und von den grünen Stielansätzen befreien. Die Gemüsezwiebel und den Knoblauch schälen. Die Zwiebel in Ringe schneiden, die Knoblauchzehen halbieren. Das restliche Olivenöl im Wok erhitzen. Die Zwiebelringe darin andünsten, und den Knoblauch dazupressen.

6 Den Wein und den Tomatensaft angießen, das beiseitegestellte Gemüse, die Tomatenachtel und das Kräuterbündel hinzufügen und alles erhitzen.

7 Das Gericht mit Salz und Pfeffer würzen und im geschlossenen Wok bei schwacher Hitze etwa 10 Minuten schmoren. Das Kräuterbündel entfernen und alles noch einmal mit Salz und Pfeffer abschmecken.

BEILAGENTIPS

Die bunte Gemüsemischung schmeckt zu Lammbraten oder Lammkoteletts, zu gegrilltem oder gebratenem Rindersteak, Schweineschnitzel oder -kotelett sowie zu Kalbsbraten.

PRAKTISCHER TIP

Wenn Sie statt der frischen Kräuter getrocknete verwenden, sollten Sie diese zusammen mit der Zwiebel und dem Knoblauch andünsten, da sich dann ihr Aroma am besten entfaltet.

GETRÄNKETIP

Zum Gemüse auf provenzalische Art paßt ein Wein aus dieser Region, z. B. ein Côtes de Provence oder ein Coteaux d'Aix-en-Provence.

ERDNUSS-TOFU-WÜRFEL MIT CHILISAUCE

Infoblock

- Arbeitszeit: ca. 25 Minuten
- Garzeit: 12–15 Minuten
- 4 Portionen
- ca. 630 kcal je Portion

Zutaten

500 g Tofu ohne Geschmack
150 g ungesalzene Erdnüsse
3 EL Mehl
2 Eier
1 Bund Frühlingszwiebeln
2 Scheiben Ananas aus der Dose
7 EL Erdnußöl
5 EL rote Chilisauce
5 EL Reiswein
2 EL Sojasauce
1 TL flüssiger Honig

1 Den Tofu in einem Sieb gut abtropfen lassen. Anschließend den Tofu in etwa 2 cm dicke Scheiben schneiden, dann diese Scheiben in etwa 2 cm breite und 2 cm lange Würfel schneiden. Die Erdnüsse fein hacken.

2 Das Mehl auf einen Teller streuen. Die Eier in einen tiefen Teller geben und mit einer Gabel verschlagen. Anschließend die gehackten Erdnüsse ebenfalls auf einen Teller geben. Den Backofen auf 100 °C vorheizen.

3 Die Tofuwürfel zuerst im Mehl wenden, überschüssiges Mehl anschließend abklopfen. Die Tofuwürfel dann im Ei und zuletzt in den Erdnüssen wälzen. Die Frühlingszwiebeln putzen, waschen und schräg in dünne Ringe schneiden. Die Ananas abtropfen lassen und in feine Stücke schneiden.

4 Dann 5 Eßlöffel Öl im Wok erhitzen und die Tofuwürfel darin bei mittlerer Hitze von allen Seiten knusprig braun braten. Die Tofustreifen dann auf Küchenpapier gut abtropfen lassen, sie anschließend zugedeckt im Backofen warm stellen.

5 Übriggebliebenes Öl mit Küchenpapier aus dem Wok entfernen, das restliche Öl hineingeben und erhitzen. Die Zwiebelringe darin unter Rühren kurz andünsten.

6 Ananasstücke, Chilisauce, Reiswein und Sojasauce hinzugeben und alles erhitzen. Die Sauce mit Honig abschmecken. Die Sauce getrennt zu den Tofuwürfeln reichen.

BEILAGENTIP

Zu den gebackenen Tofuwürfeln passen asiatische Eiernudeln (etwa 50 g Rohgewicht je Portion). Sie sind in Asienläden erhältlich und haben eine Garzeit von für etwa 10 Minuten. Als Gemüse schmecken gedünstete Zucchini, gegarter grüner Spargel oder gedünsteter Brokkoli dazu (jeweils etwa 300 g je Portion).

REZEPTVARIATION

Die feingeschnittene frische Ananas kann durch eine halbe gewürfelte frische Mango ersetzt werden.

KLEINE FRÜHLINGSROLLEN

Infoblock

- **Arbeitszeit: ca. 30 Minuten**
- **Garzeit: ca. 30 Minuten**
- **Zeit zum Marinieren: ca. 30 Minuten**
- **4 Portionen**
- **ca. 430 kcal je Portion**

Zutaten

½ Päckchen (25 Blätter, 12,5 x 12,5 cm) tiefgefrorene Teigblätter für Frühlingsrollen (Spring-Roll-Pastry)
200 g Hähnchenbrustfilet
1 rote Paprikaschote
100 g frische Sojasprossenkeime
1 Stange Lauch
1 Möhre
1 Knoblauchzehe
2 EL Sojasauce
½ l Öl zum Braten und Fritieren
1 Prise Zucker
weißer Pfeffer aus der Mühle
1 EL Mehl

GETRÄNKETIPS

Zu den knusprigen Frühlingsrollen schmecken ein gut gekühlter trockener Roséwein oder ein Pils.

1 Die Teigblätter mit einem Geschirrtuch abdecken und auftauen lassen. Das Hähnchenbrustfilet abwaschen, trockentupfen und in sehr feine Würfel schneiden. Die Paprikaschote putzen, vierteln, entkernen, waschen und fein würfeln. Die Sojasprossenkeime mit heißem Wasser überbrühen, anschließend kalt abspülen, in ein Sieb geben und abtropfen lassen. Den Lauch putzen, sehr fein schneiden, waschen und gut abtropfen lassen. Die Möhre putzen, schälen, waschen und in feine Würfel schneiden.

2 Die Sojasprossenkeime in etwa 2 cm lange Stücke schneiden. Die Knoblauchzehe schälen und fein würfeln. Die Hähnchenbrustwürfel mit dem vorbereiteten Gemüse, den Knoblauchwürfelchen und der Sojasauce mischen und etwa 30 Minuten marinieren.

3 Anschließend 2 Eßlöffel Öl im Wok erhitzen. Die Geflügel-Gemüse-Mischung darin etwa 2 Minuten unter Rühren braten und mit Pfeffer und Zucker abschmecken. Sie herausnehmen und abkühlen lassen.

4 Das Mehl mit 2 bis 3 Eßlöffeln kaltem Wasser verrühren und die Ränder der Teigblätter sorgfältig damit bestreichen.

5 Jeweils in die Mitte jedes Teigblattes etwas Füllung geben. Die Seiten nach innen einschlagen, das Teigblatt zusammenrollen und die Ränder gut festdrücken.

6 Das restliche Öl im Wok erhitzen und die Röllchen darin portionsweise goldbraun fritieren. Die Frühlingsrollen anschließend mit einer Schaumkelle herausnehmen und auf Küchenpapier abtropfen lassen.

BEILAGENTIP

Bieten Sie dazu in kleinen Schälchen Fertigsaucen als Dips an, z. B. Hoisinsauce oder Chilisauce. Die Saucen finden Sie in asiatischen Lebensmittelgeschäften oder auch in gutsortierten Supermärkten.

REZEPTVARIATION

Anstelle des Hähnchenbrustfilets kann man genausogut die gleiche Menge kalten Bratens verwenden. Da das Fleisch bereits gegart wurde, marinieren Sie nur das Gemüse, braten es unter Rühren an und fügen dann die kleingewürfelten Bratenreste hinzu.

TEMPURA

Infoblock

- Arbeitszeit: ca. 25 Minuten
- Garzeit: 12–15 Minuten
- 4 Portionen
- ca. 480 kcal je Portion

Zutaten

200 g Brechbohnen
Salz
2 Fenchelknollen
1 Aubergine
2 Zucchini
8 große, rohe Garnelen ohne Schale
2 EL Speisestärke
⅛ l eiskaltes Wasser
1 Ei
125 g Mehl
½ l Öl zum Fritieren
3 EL süßer Reiswein (Mirin), ersatzweise Cream Sherry
5 EL Sojasauce

1 Die Brechbohnen waschen, putzen und in kochendem Salzwasser etwa 5 Minuten blanchieren. Die Bohnen anschließend in ein Sieb geben, kalt abschrecken, abtropfen lassen und in Stücke schneiden.

2 Die Fenchelknollen putzen, waschen, halbieren und in ihre einzelnen Schichten zerlegen. Die Aubergine und die Zucchini waschen, putzen und in Scheiben schneiden. Die Garnelen abspülen und trockentupfen. Das kleingeschnittene Gemüse und die Garnelen mit der Speisestärke überstäuben.

3 Das Eiswasser mit dem Ei verschlagen. Das Mehl hineinsieben und mit Hilfe eines Schneebesens sofort mit der Flüssigkeit zu einem dünnflüssigen Teig verrühren.

4 Das Öl im Wok erhitzen. Das kleingeschnittene Gemüse und die Garnelen in den Ausbackteig tauchen und etwas abtropfen lassen. Das Gemüse sowie die Garnelen portionsweise im heißen Öl goldbraun fritieren. Das Fritiergut auf Küchenpapier abtropfen lassen.

5 Den Reiswein mit der Sojasauce verrühren und in kleinen Schälchen als Dip zu dem Fritierten reichen.

BEILAGENTIP

Japanisches Tempura eignet sich sowohl als köstliche Vorspeise als auch als raffinierter kleiner Imbiß. Mit körnig gekochtem Reis (etwa 50 g Rohgewicht je Portion) ist es eine sättigende Hauptmahlzeit.

PRAKTISCHER TIP

So stellt man Eiswasser her: Geben Sie ⅛ l kaltes Wasser in eine Schüssel, und fügen Sie einige Eiswürfel hinzu. Das Ganze für einen Moment beiseite stellen und dann die benötigte Wassermenge durch ein Sieb in einen Meßbecher abgießen. Damit sofort den Teig anrühren.

GETRÄNKETIP

Dazu paßt ein Glas japanischer Reiswein (Sake). **Siehe dazu den Getränketip auf S. 83.**

Geflügel-Kokos-Suppe mit Spinat

Infoblock

- Arbeitszeit: ca. 30 Minuten
- Garzeit: ca. 10 Minuten
- 4 Portionen
- ca. 200 kcal je Portion

Zutaten

300 g Hähnchenbrustfilets
4 gewürfelte Schalotten
1 rote Chilischote
1 unbehandelte Limette
1 fein gewürfelte Knoblauchzehe
150 g frischer Blattspinat
1 EL Öl
1 Dose ungesüßte Kokosmilch (400 ml)
1 EL milde Currypaste, ersatzweise 2 EL scharfes Currypulver
½ l Hühnerbrühe (aus Instantpulver oder Fond aus dem Glas)
etwas Salz

1 Die Hähnchenbrustfilets in kleine Würfel von etwa 1½ cm Kantenlänge schneiden. Die Chilischote längs aufschlitzen, entkernen, waschen und sehr fein würfeln.

2 Die Limette heiß abwaschen, abtrocknen und die Schale fein abreiben. Die Limette auspressen. Den Spinat gut waschen, putzen und abtropfen lassen.

3 Das Öl im Wok erhitzen. Knoblauch-, Chili- und Schalottenwürfel sowie Limettenschale unter Rühren etwa 1 Minute andünsten.

4 Die Kokosmilch gut durchrühren und die Hälfte davon in den Wok geben. Die Currypaste hinzufügen, alles miteinander verrühren und etwa 3 Minuten köcheln lassen.

5 Die Hähnchenbrustwürfel in die Kokosmilch geben und 3 bis 4 Minuten gar ziehen lassen.

6 Die restliche Kokosmilch und die Brühe dazugießen. Alles einmal unter Rühren aufkochen. Den Spinat hinzufügen, daruntermischen und alles noch etwa 2 Minuten gar ziehen lassen. Die Suppe mit Limettensaft und eventuell mit Salz abschmecken.

Beilagentip

Servieren Sie zu der Suppe eine Schüssel mit körnig gekochtem Langkornreis (etwa 80 g Rohgewicht je Portion), der auf einem Rechaud warm gehalten werden sollte. So kann sich jeder nach Belieben bedienen.

Rezeptvariation

Zitronengras und Zitronenblätter (Blätter vom Kaffir-Zitronenbaum) geben der Suppe einen typischen asiatischen Geschmack. Dazu 1 in kleine Stücke geschnittenen Stengel Zitronengras und 1 bis 2 gründlich gewaschene Kaffirblätter in der Kokosmilch mitgaren. Beide Zutaten dienen nur als Gewürz und sind zum Verzehr nicht geeignet.

Praktischer Tip

Ungesüßte Kokosmilch wird in Dosen angeboten. Wichtig: für Rezepte nicht die gesüßte Kokosmilch (Cream of Coconut) verwenden, die man zum Mixen nimmt. Sie können Kokosmilch auch selbst herstellen: 250 g Kokosraspel mit ½ l kochendem Wasser überbrühen und 20 Minuten ziehen lassen. Dann die Raspel in einem sauberen Küchentuch ausdrücken und die Flüssigkeit auffangen.

FRITIERTE TEIGSÄCKCHEN

Infoblock

- Arbeitszeit: ca. 45 Minuten
- Garzeit: ca. 30 Minuten
- Zeit zum Durchziehen: ca. 15 Minuten
- 4 Portionen
- ca. 440 kcal je Portion

Zutaten

40 tiefgefrorene Wan-Tan-Blätter (8 x 10 cm)
125 g Tiefseegarnelen
2 EL Reiswein, ersatzweise trockener Sherry
150 g Chinakohl
Salz
1 Bund Frühlingszwiebeln
8 Zweige frisches Koriandergrün, ersatzweise frischer Kerbel oder glatte Petersilie
200 g Schweineschnitzel
2 EL helle Sojasauce
1 Msp. Sambal Oelek
1 Eiweiß
½ l Öl zum Fritieren

1 Die Teigblätter mit einem feuchten Geschirrtuch abdecken und auftauen lassen.

2 Die Tiefseegarnelen abspülen, mit Küchenpapier trockentupfen, mit einem Wiegemesser fein schneiden und mit dem Reiswein beträufeln. Das Ganze abgedeckt kühl stellen.

3 Den Chinakohl putzen, waschen und in sehr feine Streifen schneiden. Mit etwas Salz bestreuen und 15 Minuten beiseite stellen.

4 Die Frühlingszwiebeln putzen, waschen und sehr fein schneiden. Das Koriandergrün abbrausen, trockenschütteln, die Blättchen abzupfen und fein hacken.

5 Das Schweineschnitzel abwaschen, trockentupfen und würfeln. Dann das Fleisch mit einem Wiegemesser fein hacken.

6 Den Chinakohl mit Wasser abspülen und trockentupfen. Alle vorbereiteten Zutaten mit Sojasauce und Sambal Oelek vermischen. Jeweils etwa ½ Teelöffel der Füllung in die Mitte eines Teigblattes geben. Das Eiweiß verquirlen. Die Teigränder mit Eiweiß bestreichen, sie oberhalb der Füllung zusammendrehen und gut zusammendrücken.

7 Das Öl im Wok erhitzen und die Teigsäckchen darin portionsweise goldbraun fritieren. Die Teigsäckchen anschließend auf Küchenpapier abtropfen lassen.

BEILAGENTIPS

Zu den knusprig fritierten Teigsäckchen schmeckt eine Pflaumensauce, die Sie in Asiengeschäften bekommen, oder ein Mangochutney.

REZEPTVARIATION

Wenn's mal schnell gehen soll, nehmen Sie statt der Tiefseegarnelen und der Schweineschnitzel etwa 325 g feines Kalbsbrät für die Füllung. Es wird mit Reiswein abgeschmeckt und dann wie im Rezept beschrieben zusammen mit dem Gemüse verarbeitet.

PRAKTISCHER TIP

Nicht benötigte Wan-Tan-Blätter lassen sich problemlos wieder einfrieren.

GETRÄNKETIPS

Reichen Sie dazu grünen Tee, oder probieren Sie zu den Teigsäckchen doch mal einen trockenen Weißwein mit wenig Säure, z. B. einen Weißburgunder aus Baden, am besten vom Kaiserstuhl oder aus der Ortenau.

GEDÄMPFTE REISPÄCKCHEN

Infoblock

- **Arbeitszeit: ca. 30 Minuten**
- **Garzeit: ca. 15 Minuten**
- **4 Portionen**
- **ca. 260 kcal je Portion**

Zutaten

400 g frischer Blattspinat
300 g Lachsforellenfilets
8 getrocknete, runde Reispapierblätter (16 cm ∅)
1 walnußgroßes Stück frischer Ingwer
2 Knoblauchzehen
2 Schalotten
1 unbehandelte Limette
2 EL Öl
2–3 EL Austernsauce

1 Den Blattspinat mehrmals gründlich waschen, abtropfen lassen, putzen und in feine Streifen schneiden. Die Lachsforellenfilets abspülen, sorgfältig trockentupfen und dann in 8 etwa gleich große Stücke schneiden.

2 Die Reisblätter unter fließendem lauwarmem Wasser abspülen und sie zum Aufweichen zwischen zwei feuchte Geschirrtücher legen.

3 Ingwer, Knoblauchzehen und Schalotten schälen und fein würfeln. Die Limette heiß abwaschen, abtrocknen und die Schale abreiben. Die Limette auspressen.

4 Das Öl im Wok erhitzen und Ingwer-, Knoblauch- und Schalottenwürfel darin andünsten. Die Austernsauce und 2 Teelöffel Limettensaft hinzufügen und alles miteinander verrühren. Den Spinat hinzugeben und unter Rühren 1 bis 2 Minuten dünsten. Den Wok anschließend von der Kochstelle nehmen.

5 In die Mitte jedes Reisblattes jeweils ein Stück Lachsforelle legen und etwas Spinatmischung darauf geben. Die Teigblätter über der Füllung zusammenschlagen, so daß Päckchen entstehen, und den Teig leicht festdrücken.

6 Dann etwa ¼ l Wasser in den Wok geben und aufkochen. Die Hälfte der Teigtaschen in einem leicht geölten Siebeinsatz oder in ein Bambuskörbchen legen. Die Teigtaschen darin im geschlossenen Wok jeweils 6 bis 8 Minuten dämpfen.

BEILAGENTIPS

- **Zu den gedämpften Reisrollen schmeckt ein Sojasprossensalat mit einer Essig-Öl-Marinade. Wenn Sie frische Sprossen verwenden, sollten Sie diese 1 bis 2 Minuten blanchieren und dann kalt abschrecken.**
- **Die Reisrollen schmecken mit Hoisinsauce, einer scharf-süßlichen Würzsauce.**

REZEPTVARIATION

Die Reispapierblätter eignen sich auch als feine Hülle für Zutaten, die nicht mehr gegart werden müssen. Dazu 150 g gegartes Schweineschnitzel oder -filet fein würfeln. Die Fleischwürfelchen mit einem halben feingeschnittenen Salatkopf, 100 g Sprossen (z. B. Sojasprossen), 1 feingewürfelten Paprikaschote, einer Handvoll frischer Kerbelblättchen, Salz und Pfeffer mischen. Diese Füllung auf die angefeuchteten Reisblätter geben und diese einschlagen. Dazu helle Sojasauce reichen.

PRAKTISCHER TIP

Die zarten Reisblätter sind zum Fritieren nicht geeignet. Mit Reisblättern sollte man sehr vorsichtig umgehen, da sowohl die getrockneten als auch die noch nicht ganz weichen Blätter sehr leicht reißen.

SCHWEINEFLEISCH SÜSS-SAUER

Infoblock

- Arbeitszeit: ca. 30 Minuten
- Garzeit: ca. 10 Minuten
- Zeit zum Marinieren: ca. 1 Stunde
- 4 Portionen
- ca. 400 kcal je Portion

Zutaten

400 g Schweineschnitzel
1 walnußgroßes Stück frischer Ingwer
1 unbehandelte Limette
weißer Pfeffer aus der Mühle
1 Prise Zucker
2 EL Sojasauce
2 grüne Paprikaschoten
½ frische Ananas (etwa 300 g)
2 EL Speisestärke
6 EL Sojaöl
2 EL Apfelessig
¼ l Hühnerbrühe (aus Instantpulver oder Fond aus dem Glas)
1 Handvoll frische Korianderblätter, ersatzweise Kerbelblätter

1 Das Fleisch abspülen, trockentupfen und mit einem scharfen Messer zuerst in Scheiben, dann in dünne Streifen schneiden.

2 Für die Marinade den Ingwer schälen und fein würfeln. Die Limette heiß abwaschen, abtrocknen und die Schale abreiben. Die Ingwerwürfel und die Limettenraspel mit Pfeffer, Zucker und Sojasauce verrühren.

3 Die Fleischstreifen in eine flache Schüssel geben, die Marinade hinzufügen und beides miteinander mischen. Das Fleisch zugedeckt etwa 1 Stunde marinieren.

4 Die Paprikaschoten putzen, vierteln, entkernen, waschen und in kleine Rauten schneiden. Die Ananas schälen, vom Strunk befreien und in mundgerechte Stücke schneiden.

5 Das Fleisch auf einem Tablett ausbreiten und die Speisestärke darübersieben, dabei die Fleischstreifen wenden.

6 Das Öl im Wok erhitzen und die Fleischstreifen darin bei mittlerer Hitze unter Rühren portionsweise anbraten. Dabei gebratene Fleischstreifen am Wokrand hochschieben und noch rohe in die Mitte geben.

7 Zuletzt die Paprika- und Ananasstücke 1 bis 2 Minuten unter Rühren mitbraten. Alles mit dem Apfelessig und der Brühe ablöschen und im geschlossenen Wok noch etwa 5 Minuten schmoren.

8 Inzwischen die Kräuterblätter vorsichtig abspülen, trockentupfen und kurz vor Ende der Garzeit unter das Gericht heben.

BEILAGENTIPS

- **Zum fruchtigen Schweinefleisch süß-sauer auf chinesische Art schmecken gebratene asiatische Eiernudeln (etwa 50 g Rohgewicht je Portion).**
- **Ebenso gut paßt dazu Klebreis. Für 4 Personen wäscht man 400 g Langkornreis unter fließendem kaltem Wasser und gibt ihn dann zusammen mit 700–800 ml Wasser in einen Topf. Wer möchte, fügt noch etwas Salz hinzu – in China kocht man den Reis allerdings ohne Salz. Den Reis einmal aufkochen lassen, kurz umrühren und ihn dann bei geringer Hitze etwa 20 Minuten bei geschlossenem Deckel ausquellen lassen. Falls nach dem Garen noch etwas Wasser im Topf ist, den Reis mit geöffnetem Deckel einige Minuten auf der Herdplatte abdämpfen. Die Reiskörner sollten leicht aneinander haften.**

REZEPTVARIATION

Das Gericht bekommt eine andere Geschmacksnote, wenn Sie es statt mit Sojasauce und Apfelessig nur mit Knoblauch würzen. Dazu 3 bis 4 feingehackte Knoblauchzehen zusammen mit dem Fleisch anbraten. Frischer Knoblauch hat ein milderes Aroma, davon können Sie auch die doppelte Menge mitbraten.

PRAKTISCHER TIP

Wenn Sie das Gericht mit Stäbchen essen möchten, sollten Sie dazu Klebreis zubereiten (Rezept siehe Beilagentips).

GEDÄMPFTE WAN-TAN-SÄCKCHEN

Infoblock

- Arbeitszeit: ca. 45 Minuten
- Garzeit: ca. 20 Minuten
- 4 Portionen
- ca. 170 kcal je Portion

Zutaten

40 tiefgefrorene Wan-Tan-Blätter (8 x 10 cm)
200 g Rinderfilet
100 g Paksoi (eine asiatische Kohlart), ersatzweise Chinakohl
2 Knoblauchzehen
100 g Bambusschößlinge aus der Dose
1 kleine rote Paprikaschote
2 EL helle Sojasauce
1 EL Reiswein
1 Eiweiß

1 Die Teigblätter auf einer Arbeitsfläche ausbreiten, mit einem feuchten Geschirrtuch abdecken und auftauen lassen.

2 Das Rinderfilet zuerst in dünne Scheiben schneiden, dann mit einem Wiegemesser fein hacken.

3 Den Paksoi putzen, waschen und sehr fein schneiden. Die Knoblauchzehen schälen und fein würfeln. Die Bambusschößlinge in feine Würfel schneiden. Die Paprikaschote putzen, vierteln, entkernen, waschen und sehr fein würfeln.

4 Alle vorbereiteten Zutaten mit der Sojasauce und dem Reiswein gut mischen.

5 Auf jedes Teigblatt ½ Teelöffel der Füllung geben. Das Eiweiß verquirlen. Die Teigränder damit bestreichen, den Teig über der Füllung zusammendrehen und gut festdrücken.

6 Die Teigbeutelchen portionsweise in einen Siebeinsatz geben. ¼ l Wasser im Wok aufkochen und den Siebeinsatz hineinsetzen. Die Teigbeutelchen im geschlossenen Wok jeweils 8 bis 10 Minuten dämpfen.

PRAKTISCHER TIP

Besonders hübsch sehen unterschiedlich geformte Wan-Tans aus. Kleine Taler entstehen, wenn Sie die Füllung zwischen zwei Wan-Tan-Blätter geben, die Teigränder mit Eiweiß bestreichen, gut zusammendrücken und mit einem runden Ausstechförmchen gefüllte Taler ausstechen. Eine andere Möglichkeit: die gefüllten Teigblätter zu kleinen Päckchen zusammenlegen.

GETRÄNKETIPS

Zu den gedämpften Wan-Tans empfehlen wir einen gut gekühlten, trockenen Weißwein, Sake (japanischer Reiswein) oder grünen Tee.

BAMI GORENG

Infoblock

- Arbeitszeit: ca. 20 Minuten
- Zeit zum Einweichen: ca. 30 Minuten
- Garzeit: ca. 10 Minuten
- 4 Portionen
- ca. 460 kcal je Portion

Zutaten

200 g dünne chinesische Bandnudeln aus Weizenmehl
Salz
250 grüner Spargel (vorzugsweise dünner Thaispargel)
2 gelbe Paprikaschoten
2 Möhren
2 Zwiebeln
2 Knoblauchzehen
400 g Rinderfilet
4 EL Öl
2–3 EL Korianderblättchen
4–5 EL süße Sojasauce
2–3 EL Zitronensaft
1 Msp. Sambal Oelek

1 Die Bandnudeln in reichlich kochendes Salzwasser geben und in etwa 10 Minuten bißfest kochen. Sie in einem Sieb abtropfen lassen.

2 Den Spargel waschen und die Enden großzügig abschneiden. Den Spargel in 2 bis 3 cm lange Stücke schneiden und in reichlich Salzwasser 1 bis 2 Minuten blanchieren. Die Spargelstücke in einem Sieb mit kaltem Wasser abschrecken und gut abtropfen lassen.

3 Die Paprikaschoten vierteln, putzen, entkernen, waschen und in etwa 3 cm lange Streifen schneiden. Die Möhren putzen, schälen, waschen, längs in dünne Scheiben schneiden und dann quer in Stifte schneiden. Die Zwiebeln schälen und würfeln. Den Knoblauch schälen und halbieren.

4 Das Rinderfilet abwaschen, trockentupfen und in dünne Scheiben schneiden. Das Öl im Wok erhitzen und die Filetscheiben darin portionsweise anbraten. Den Knoblauch dazu pressen. Bereits gegarte Filetscheiben am Rand hochschieben und rohe Scheiben in die Mitte geben. Dann das vorbereitete Gemüse hinzufügen und alles etwa 3 Minuten unter Rühren braten. Korianderblättchen waschen und trockentupfen.

5 Die Sojasauce, den Zitronensaft und das Sambal Oelek unter die Fleisch-Gemüse-Mischung rühren. Nach weiteren 3 Minuten die Nudeln hinzufügen und alles nochmals kurz erhitzen. Das Gericht mit Korianderblättchen bestreuen.

PRAKTISCHER TIP

Statt chinesischer Bandnudeln können Sie natürlich auch Spaghetti oder andere dünne Bandnudeln nehmen.

GETRÄNKETIPS

Zum Bami Goreng mit feinen Rinderfiletstreifen schmecken ein leichter trockener Rotwein, z. B. aus Baden, oder auch ein gut gekühltes Pils.

KÖSTLICH FERNÖSTLICH

Überraschen Sie Ihre Freunde doch mal mit einer Einladung zu einer Schlemmerreise nach Fernost. Zwei Wokrezepte aus diesem Buch stehen dabei im Mittelpunkt.

Alle Gerichte lassen sich prima vorbereiten, so daß auch Sie den Abend unbeschwert genießen können. Ein Arbeitsplan hilft Ihnen bei der Organisation.

Die Getränkeauswahl ist kein Problem, denn hier finden Sie auf das Menü abgestimmte Vorschläge.

Ihr Tisch bekommt im Handumdrehen ein asiatisches Kleid. Mit pfiffigen Dekorationsideen zaubern Sie das passende Flair.

Und das wird serviert

Sektcocktail

Frischer Sprossensalat
Fritierte Wan-Tan-Röllchen

Garnelen in Kokos-Curry-Sauce
(Rezept S. 98)
Chinesisches Fondue
(Rezept S. 96)

Ingweräpfel mit Eiskrem

Ein asiatisches Menü rund um den Wok

Die Tischdekoration

Als Tischtuch kaufen Sie eine weiße Papiertischdecke von der Rolle (Kaufhaus). Mit Filzschreiber oder Tusche (schwarz oder rot) asiatische Schriftzeichen darauf zeichnen. Als Vorlage können Sie die Etiketten asiatischer Produkte (Sojasauce, Reissnacks) nehmen. Als Serviette eine rote Papier- oder Stoffserviette zusammenrollen. Sie mit schwarzem Bast in der Mitte mehrmals umwickeln und diesen zusammenknoten.
Die Weingläser mit einem Papierfächer dekorieren.
Dafür ein rotes DIN-A4-Schreibpapier einmal längs durchschneiden. Es von der kurzen Seite aus in etwa 1,5 cm breite Falten kniffen. An einer Seite zusammentackern und mit schwarzem Bast umwickeln.
Flache kleine Steine sind bestens geeignet, um die Stäbchen darauf abzulegen. Umwickeln Sie zusätzlich einige Steine mit schwarzem und rotem Bast, und dekorieren Sie damit den Tisch.
Als Geschirr können Sie weißes Porzellan verwenden, dekorativ ist Porzellan mit schwarzem oder rotem Dekor, klassisch das chinesische Reiskorngeschirr.
Die besondere Idee für die Einladungskarte: Aus rotem Papier einen Fächer wie für die Tischdekoration falten. Vorher mit schwarzem Filzstift die Einladung darauf schreiben. Den Fächer zusammen mit einfachen Holzstäbchen als Einladung verschicken.

Die Getränketips

- Zum Menü paßen ein leichter, trockener Weißwein (z. B. ein Burgunder) oder ein Pils. Überraschen Sie Biertrinker mit einem original asiatischen Bier.
- Stilecht ist auch ein grüner Tee, als Alternative dazu können Sie einen leichten schwarzen Tee zubereiten.
- Zum Dessert reichen Sie einen gut gekühlten Sekt.

Organisationsplan

◆ 4 STUNDEN VORHER

Die Äpfel fürs Dessert vorbereiten.
Das Fleisch fürs Fondue anfrosten.
Die Wan-Tan-Taschen füllen und kühl stellen.
Die Chiliblüten für den Salat in Eiswasser geben (Tip zum Sprossensalat).

◆ 3 STUNDEN VORHER

Gemüse und Marinade für den Salat vorbereiten und kühl stellen.
Gemüse und Kokosmilchsauce für die Garnelen vorbereiten, kühl stellen.

◆ 2 STUNDEN VORHER

Gemüse, Nudeln und Pilze fürs Fondue vorbereiten und anrichten.

◆ 1 STUNDE VORHER

Die Reisbeilage kochen.
Den Salat auf Tellern anrichten.
Das Fleisch fürs Fondue aufschneiden und zugedeckt kühl stellen.

◆ ZWISCHEN DEN GÄNGEN

Die Wan-Tan-Taschen fritieren und anrichten.
Die Brühe fürs Fondue in einem Topf erhitzen, in den Wok umfüllen und aufs Rechaud stellen.
Die Garnelen zubereiten.
Das Dessert anrichten.

SEKTCOCKTAIL „PRICKELNDER BLÜTENTRAUM"

Infoblock

- Arbeitszeit: ca. 3 Minuten
- 1 Portion

Zutaten

2 cl Pflaumenschnaps
einige Spritzer Limettensaft
0,1 l trockener Sekt

1 Den Pflaumenschnaps und den Limettensaft in ein Sektglas geben und das Ganze mit Sekt auffüllen.

2 Den Glasrand mit einer Orchideenblüte dekorieren und den Cocktail eventuell mit einem roten Strohhalm servieren.

BEILAGENTIP

Als Knabberei können Sie dazu asiatische Reissnacks anbieten.

FRISCHER SPROSSENSALAT

Infoblock

- Arbeitszeit: ca. 20 Minuten
- 6–8 Portionen
- ca. 150 kcal je Portion (bei 6 Portionen)

Zutaten

Für den Salat

1 rote Paprikaschote
1 kleine Dose Bambusschößlinge (220 g Einwaage)
250 g frische Sojasprossen, ersatzweise aus dem Glas
4 EL Weißweinessig
2–3 EL Sojasauce
1 Messerspitze zerdrückte getrocknete Chilischoten
weißer Pfeffer aus der Mühle
1 Prise Zucker
6 EL Sojaöl

Zum Anrichten

6–8 Salatblätter (z. B. Römer- oder Eisbergsalat)
einige frische Koriander- oder Kerbelblättchen
6–8 frische rote Chilischoten

1 Die Paprikaschote putzen, vierteln, entkernen und waschen. Die Paprikaviertel in sehr kleine Rauten schneiden. Die Bambusschößlinge in einem Sieb abtropfen lassen und in Scheiben schneiden. Die frischen Sojasprossen mit kochendem Wasser 2 bis 3 Minuten überbrühen, anschließend kalt abschrecken und abtropfen lassen. Sojasprossen aus dem Glas nur abtropfen lassen.

2 Weißweinessig, Sojasauce, Chilipulver, Pfeffer und Zucker gründlich miteinander verrühren, zum Schluß das Öl darunterschlagen.

3 Die Salatblätter waschen, trockentupfen und auf Teller verteilen. Das vorbereitete Gemüse dekorativ auf den Salatblättern anrichten. Die Marinade darübergeben. Die Kräuterblättchen waschen und trockentupfen. Den Salat mit den Chilischoten und den Koriander- oder Kerbelblättchen dekorieren.

PRAKTISCHER TIP

Besonders hübsch sehen Chiliblüten aus. Dazu die frischen Schoten von den Spitzen aus bis auf zwei Drittel ihrer Länge einschneiden. Sie zum „Aufblühen" in eine Schüssel mit Eiswasser legen.

FRITIERTE WAN-TAN-RÖLLCHEN

Infoblock

- Arbeitszeit: ca. 40 Minuten
- Zeit zum Fritieren: ca. 12 Minuten
- 6–8 Portionen
- ca. 250 kcal je Portion (bei 6 Portionen)

Zutaten

1 Bund Frühlingszwiebeln
150 g Schweinehackfleisch
2 EL Austernsauce oder Reiswein
1 EL frisches gehacktes Koriandergrün oder frischer gehackter Kerbel
schwarzer Pfeffer aus der Mühle
1 TL Speisestärke
2 TL Sojaöl
18 tiefgefrorene Wan-Tan-Blätter (8 x 10 cm), aufgetaut
1 verquirltes Eiweiß
½ l Öl zum Ausbacken
Sojasauce
einige Stiele Knoblauchgras

1 Die Frühlingszwiebeln putzen, waschen und sehr fein hacken. Frühlingszwiebeln mit Schweinehackfleisch, Austernsauce, Koriandergrün, Pfeffer, Speisestärke und Sojaöl zu einer homogenen Masse verkneten.

2 Die Teigplatten ausbreiten und die Ränder mit verquirltem Eiweiß bestreichen. Die Füllung auf die Teigplatten verteilen, dann die Seitenränder nach innen einschlagen. Die Nahtstellen zusammendrücken.

3 Das Öl im Wok erhitzen. Die Röllchen nach und nach darin goldbraun ausbacken. Sie mit einer Schaumkelle herausheben und auf Küchenkrepp abtropfen lassen.

4 Die Sojasauce auf kleine Schälchen verteilen. Die Wan-Tan-Röllchen zusammen mit der Sojasauce und dem Knoblauchgras dekorativ auf Tellern anrichten.

BEILAGENTIPS

◆ Zu den Garnelen und zum Fondue reichen Sie Basmatireis (etwa 100 g Rohgewicht je Portion). Den Reis mit der doppelten Menge Wasser aufkochen und etwa 20 Minuten ausquellen lassen.

◆ Wer möchte, kann zu den Vorspeisen, zu den Garnelen und dem Fondue zusätzlich knusprig aufgebackenes Baguette servieren.

INGWERÄPFEL MIT EISCREME

Infoblock

- Arbeitszeit: ca. 15 Minuten
- Garzeit: ca. 2 Minuten
- Zeit zum Auskühlen: ca. 1 Stunde
- 6–8 Portionen
- ca. 160 kcal je Portion (bei 6 Portionen)

Zutaten

3 eingelegte Ingwerknollen
2 Limetten
3 Äpfel
2 EL Ingwer- und 4 EL Himbeersirup
1 Packung Kokoseiscreme
6–8 Kapstachelbeeren
6–8 Minzeblättchen

1 Die Ingwerknollen fein würfeln. 1 Limette heiß abwaschen, trockentupfen und die Schale abreiben. Beide Limetten auspressen. Die Äpfel waschen, vierteln, entkernen und längs in dünne Spalten schneiden.

2 Dann 2 Eßlöffel Ingwersirup, die abgeriebene Limettenschale und den -saft zusammen mit dem Himbeersirup aufkochen. Die Ingwerwürfel hineingeben. Die Apfelspalten hinzufügen und alles in dem Sirup etwa 2 Minuten dünsten. Den Sirup anschließend erkalten lassen.

3 Die Apfelspalten fächerartig auf Tellern anrichten und mit dem Sirup begießen. Mit je 1 Kugel Eiscreme servieren.

4 Für die Dekoration die Hüllen der Kapstachelbeeren vorsichtig öffnen und behutsam auseinanderbiegen. Die Teller mit je 1 Kapstachelbeere und 1 Minzeblättchen garnieren.

PRAKTISCHER TIP

Nehmen Sie das Eis etwa 15 bis 20 Minuten, bevor Sie das Dessert anrichten, aus dem Gefriergerät, damit es sich leichter portionieren läßt.

REZEPTVERZEICHNIS NACH ZUTATEN

Mit Fleisch

Mit Wurst

Mit Geflügel

Mit Fisch

Mit Meeresfrüchten

REZEPTVERZEICHNIS

Nur mit Gemüse

Mit Nudeln

Mit Kartoffeln

Mit Reis

Mit Pilzen

Mit Tofu

Dieses Buch gehört zu einer Kochbuchreihe, die die beliebtesten Themen aus dem Bereich Essen und Trinken aufgreift. Fragen Sie Ihren Buchhändler.

Der Verlag dankt der Firma AG SIGG, Frauenfeld (Schweiz), die uns die Geräte zur Verfügung stellte.

Die Deutsche Bibliothek – CIP-Einheitsaufnahme

Köstlichkeiten aus dem Wok / Antje Grüner. –
Niedernhausen/Ts. : FALKEN, 1994
(Gut essen + trinken)
ISBN 3-8068-4762-2
NE: Grüner, Antje

ISBN 3 8068 4762 2

Umschlaggestaltung: Peter Udo Pinzer
Layout: Petra Becker
Redaktion: Claudia Boß
Herstellung: Jürgen Domke
Titelbild: TLC-Foto-Studio GmbH, Velen-Ramsdorf (Rezept „Frühlingsgemüse mit Hähnchenbrust", S. 60)
Fotos: TLC-Foto-Studio GmbH, Velen-Ramsdorf, außer folgenden Fotos:
S. 3 Studio R. Schmitz, München; S. 5 o. und 52 Christel und Wolfgang Feiler, Fotostudio Karlsruhe;
S. 7, 8, 9, 68, 78, 110 und 126 u. Photographie Brigitte Harms, Hamburg;
S. 14 r. und 20 T.+E. Creative Fotografie + Styling, Frankfurt;
S. 44, 58, 62 und 127 u. Michael Wissing, Fotodesigner BFF, Waldkirch
Satz: Raasch & Partner GmbH, Neu-Isenburg
Gesamtkonzeption: Falken-Verlag GmbH, D-65527 Niedernhausen/Ts.

817 2635 4453 6271